L'ÉCO-ANXIÉTÉ

Dr Alice Desbiolles

L'éco-anxiété

Vivre sereinement dans un monde abîmé

Fayard

L'auteur remercie son agent et conseiller éditorial :
Isabelle Martin-Bouisset
www.imb-conseil.fr

Couverture : ADGP

ISBN : 978-2-213-71720-3
Dépôt légal : septembre 2020

© Librairie Arthème Fayard, 2020.

À mon Petit Prince

« L'écologie n'est pas seulement un problème d'environnement, mais aussi un enjeu d'équilibre individuel, d'affects et de mental. »

Ernest Callenbach, *Ecotopia*, 1975

AVANT-PROPOS
ÉPIPHANIE ÉCOLOGIQUE

« Écoute, bûcheron, arrête un peu le bras !
Ce ne sont pas des bois que tu jettes à bas. »
Ronsard, *Élégies*, XXIV (V. 16-68)

Paris, Muséum national d'histoire naturelle, 1996

J'ai huit ans et je contemple une reproduction grandeur nature d'un dronte de Maurice, plus connu sous le nom de « dodo ». Hôte paisible de la forêt primaire mauricienne, côtoyant en toute sérénité d'autres espèces animales, il était protégé par le mauvais goût de sa chair, qui en faisait un gibier peu prisé de ses potentiels prédateurs. La quiétude nonchalante du dodo fut cependant anéantie au XVIe siècle, lorsque les Européens débarquèrent sur l'île, transformant l'archipel en comptoir sur la route des épices. Ces derniers n'accostèrent pas seuls, mais avec des hordes de chiens, de porcs, de chats et de rats, espèces incompatibles avec les écosystèmes de Maurice. L'archipel, jusqu'alors préservé, fut profondément transformé par les colons, qui coupèrent les arbres millénaires et chassèrent sans vergogne le gibier abondant et peu farouche – à commencer par le dodo, qui ne tarda pas à s'éteindre. En sus de cette curée, les colons développèrent des cultures agricoles sans attention aucune pour la richesse de l'écosystème primordial. Ils entérinèrent ainsi localement l'ère du Plantationocène, marqueur de notre époque, qui se traduit par une transformation progressive de l'ensemble des territoires naturels de la planète en vastes champs de monoculture – de légumes, de fruits, d'arbres et, plus récemment, de panneaux solaires.

*

Ces révélations, fruit d'anodines visites dominicales du Muséum national, me transformèrent à tout jamais. Allons-nous détruire, « dodoïser », l'ensemble des autres espèces ? Ma conscience écologique venait de naître ; elle ne m'a jamais plus quittée.

AVANT-PROPOS

Les enjeux de santé environnementale – concrètement, l'étude des effets de l'environnement et des pollutions sur notre santé – accaparèrent rapidement l'essentiel de mon temps et de mes travaux d'interne puis de médecin de santé publique ; un métier avec des millions de patients potentiels, des populations à protéger et des menaces à anticiper.

L'autre versant de la formation d'une médecin, c'est l'hôpital. On y côtoie la précarité, la fragilité de l'existence humaine, sa fugacité. Je n'oublie pas le regard de certains patients en fin de vie, plein de tristesse ou de résignation. Leur solitude et leur détresse, au même titre que la solidarité et le dévouement des soignants, me sont chevillées au corps, tout comme l'intangible principe de base *primum non nocere*, « d'abord ne pas faire de mal », formulé par Hippocrate et qui guide l'action des professionnels de santé.

Hippocrate dont j'ai lu, comme tout médecin, le serment, un jour d'octobre 2015, au terme de ma thèse[1], soutenue dans un amphithéâtre de la faculté de médecine, sous le regard de mes pairs et de mes proches. Au cours de cette prestation de serment, vêtue d'une ample toge noire et main droite levée, j'ai juré d'intervenir pour protéger les personnes « si elles sont affaiblies, vulnérables ou menacées dans leur intégrité ou leur dignité ».

Dans une situation environnementale de plus en plus compromise, notre intégrité n'est-elle pas d'ores et déjà menacée ?

Ce fait inquiétant, pourtant dédaigné dans l'organisation de nos vies et de nos sociétés, ressort de manière récurrente dans de nombreux travaux scientifiques. Leur étude a nourri la rédaction de ce livre, qui porte sur les bouleversements intimes liés à l'état et à l'évolution du monde. Un livre directement inspiré de mon quotidien de médecin épidémiologiste, dont la vocation est justement de penser et de limiter les risques sanitaires et environnementaux qui pèsent sur les populations. Ainsi pourrai-je faire honneur à la dernière phrase du serment, qui résonne en moi comme si je l'avais prononcée hier : « Que les Hommes et mes confrères m'accordent leur estime si je suis fidèle à mes promesses ; que je sois déshonorée et méprisée si j'y manque. »

Cette phrase, il est probable qu'elle résonne également auprès des milliers de professionnels qui se sont attelés à la maîtrise de l'épidémie de coronavirus. Lequel illustre le surgissement d'une menace inconnue et insaisissable dans le quotidien bien réglé et jusqu'alors sous contrôle des habitants des pays à revenu élevé. Le coronavirus incarne l'irruption d'une peur ancestrale face à la finitude, au chaos et à la désorganisation de nos sociétés. L'ordinaire sanitaire, social et économique de nos vies s'est trouvé bouleversé, alors même que les épidémies ont jalonné l'histoire de l'humanité, donné lieu à une mémoire collective et à une documentation étayée. À rebours, les impacts sur les populations du réchauffement climatique et des changements environnementaux à l'œuvre – destruction de la biodiversité, acidification des océans, déforestation, pour ne citer que ceux-là – échappent à toute cartographie antérieure et s'avèrent complètement inédits. Par conséquent, les inconnues en termes de gestion des risques se révèlent beaucoup plus nombreuses, aléatoires et potentiellement incontrôlables. Cette nature, que l'on croyait mise au pas, dominée, maîtrisée, nous échappe et nous menace brutalement.

*

La vocation de ce livre n'est pas de céder aux sirènes de l'actualité, à la viralité des débats, ou de dramatiser à outrance une situation dont l'urgence suffit à nourrir l'inquiétude. Elle est encore moins de relativiser l'importance des défis et des difficultés qui nous attendent. Il s'agit ici bien davantage de trouver les mots justes et de « porter la plume dans la plaie » pour mieux la cautériser ensuite.

Apporter des réponses claires, des solutions praticables et des raisons d'espérer : telles sont les perspectives de ce livre. Les réflexions développées entendent couper court au défaitisme environnemental, à la paralysie et au fatalisme généralisé en présentant au lecteur les pistes qui s'offrent à lui pour se réaliser et agir dans un monde et une nature en mutation. Car souffrir « de la Terre dans sa chair[2] », somatiser et intérioriser les souffrances de la planète n'empêche pas de s'épanouir et de se réaliser, de manière enthousiaste et positive.

Encore faut-il être en mesure de comprendre et de formaliser la réalité sous-jacente de nos sentiments. Pourquoi ai-je le cœur qui se serre à la vue ou au récit de cette nature qu'on abat ? Pourquoi ne puis-je m'empêcher de détourner le regard instantanément pour couper court à la douleur qui m'étreint en pareilles circonstances ?

Sachez que ces maux jusqu'alors peu explorés, cette prise de conscience écologique, les questionnements existentiels et les émotions qu'elle engendre, ont des causes, des solutions, mais également des noms : l'éco-anxiété, aussi appelée solastalgie.

La solastalgie affecte tout individu ayant un degré d'empathie écologique suffisamment élevé pour appréhender la Terre dans son ensemble et la considérer comme son *foyer*, sinon comme sa *mère*. Gaïa, la Terre, fait aussi référence à la « Déesse Mère ». Ce sentiment d'appartenance à l'immensité du monde, « depuis le plus petit brin d'herbe jusqu'aux étoiles[3] », porte le nom de « sentiment océanique[4] ». Ainsi, une personne solastalgique, qui se sent une infime partie d'un tout immense, souffre des outrages faits à ce que nous avons de plus cher. La solastalgie se fait l'expression du lien qui existe entre la détresse des écosystèmes et la détresse psychologique, quand la première engendre la seconde. La solastalgie n'est par essence ni positive ni négative. Elle constitue simplement une réponse émotionnelle à l'involution du monde. Elle incarne également une nostalgie du futur, une angoisse existentielle face à la destruction et à la « dodoïsation » de notre environnement et des êtres vivants qui l'habitent.

Sa fausse jumelle, l'éco-anxiété, reflète quant à elle l'inquiétude anticipatoire que peuvent provoquer les différents *scenarii* établis par des scientifiques – comme ceux du Groupe d'experts intergouvernemental sur l'évolution du climat (GIEC) – sur la viabilité de la planète dans les décennies à venir. Toutes les personnes conscientes qu'« il n'y a pas de planète B » sont ainsi susceptibles de devenir éco-anxieuses et de se sentir acculées par l'absence d'alternative dans l'avenir. Ce manque de choix, doublé d'un sentiment de résignation, engendre une souffrance morale et une sensation de détresse.

L'impact psychologique de la perception du déclin du monde naturel fait encore l'objet de recherches. Si la solastalgie représente le concept largement étudié dans la littérature scientifique, l'éco-anxiété, bien que moins explorée par les chercheurs, constitue une entité plus intuitive et facilement appropriable. C'est pourquoi je me référerai régulièrement à ces deux termes, équivalents dans l'usage.

Ce livre constitue d'ores et déjà un premier jalon permettant de comprendre l'angoisse et les questionnements découlant du sentiment eschatologique qui se propage actuellement comme une traînée de poudre dans la société.

Un enfant né en 2020 aura quatre-vingts ans à la fin du siècle. De quelle vie jouira-t-il dans le monde que nous lui préparons ? L'éco-anxiété et la solastalgie reposent sur un rationnel scientifique et empirique solide qu'il est difficile de contester, ainsi que sur une prise de conscience écologique personnelle. Quel que soit son origine ou son déclencheur, cette prise de conscience, plus ou moins rapide et brutale, nous change et nous façonne. Le défi devient dès lors de vivre avec cette nouvelle compagne, de l'apprivoiser, de trouver un nouvel équilibre personnel, d'en faire une force, un moteur pour l'action et le changement, voire une boussole vers le bonheur.

CHAPITRE 1

ON NE NAÎT PAS ÉCO-ANXIEUX, ON LE DEVIENT

> « Maintenant que la grande tempête l'a fracassé depuis longtemps, nous savons positivement que ce monde de la sécurité n'était qu'une construction de songe. Pourtant mes parents l'ont habitée comme une maison de pierre. »
> Stefan Zweig, *Le Monde d'hier*

Je me surprends souvent à me demander comment notre Terre réussit encore à abriter 7,7 milliards d'êtres humains et des écosystèmes complexes malgré nos assauts incessants contre l'environnement. À l'aune de ce jeu de massacre, comment l'édifice tient-il encore debout ? Par quel miracle ne s'effondre-t-il pas ?

Penser le déclin : une histoire sans fin

Le thème de la *fin* fait indubitablement florès. Armageddon. Effondrement. Écroulement. Déluge. Anéantissement. Apocalypse. Néantisation. La liste est longue. Ces termes traduisent, par leur multiplicité, l'importance de la place de l'effondrement dans le « logiciel » occidental. Et plus encore dans un Occident prospère, dont la remise en question de l'abondance et de la richesse est d'autant plus redoutée qu'elles sont consubstantielles à notre mode de vie.

« Nous autres, civilisations, nous savons maintenant que nous sommes mortelles. » Avec cette phrase écrite il y a un siècle au sortir de la Grande Guerre, Paul Valéry se faisait l'écho des intellectuels suffisamment lucides pour penser la fin des grandes civilisations. Comme lui, combien d'écrivains, de figures religieuses ou politiques, de scientifiques, de philosophes, de peintres ou de réalisateurs de cinéma talentueux n'ont-ils pas ainsi prophétisé ou illustré la peur du néant ou de l'annihilation ? Nombreux sont ceux qui s'essayent à décrypter les prodromes d'un effondrement, tels des sismographes ou des compteurs Geiger qui s'affolent à l'approche d'un événement cataclysmique invisible et à peine perceptible. Certains penseurs arrivent à la conclusion que les sociétés modernes irriguées par la science, la technique, éclairées à l'électricité et structurées autour d'États, d'institutions et de consensus sociaux puissants, peuvent aussi mourir comme meurt un organisme. Dans *Le Déclin de l'Occident*, également fruit du bouleversement de la Première Guerre mondiale, le philosophe Oswald Spengler explique que les grandes civilisations naissent, grandissent, prospèrent, s'affaiblissent, déclinent et meurent à la manière d'un corps humain. Une approche organiciste qui montre brillamment que l'effondrement d'une société humaine n'est pas toujours *causa sui* ; en d'autres termes, que d'autres réalités, bien supérieures en force aux civilisations, peuvent être à l'œuvre et mener à la fin de grands ensembles humains. Il était encore trop tôt – et l'actualité de la guerre bien trop vivace – pour que la pollution ou la destruction de l'environnement soient considérées comme des enjeux capables de compromettre ou d'altérer l'existence de l'homme sur la planète. Une première certitude venait cependant d'être bouleversée : tout ne résultait plus de l'homme des Lumières, de la Science et de la Technique toutes-puissantes. Les grands ensembles humains, redevenus « mortels », dépendent également d'une tectonique et de cycles qui les dépassent[5].

N'avons-nous pas tous vu ces films catastrophes dans lesquels une poignée d'individus plus perspicaces que les autres comprennent avant tout le monde le drame qui se noue, mais ne sont pas crus à temps, la majorité se rendant compte généralement trop tard de la magnitude du désastre ? Sortes de vigies, nombreux sont pourtant les intellectuels et les scientifiques à nous avoir mis en garde contre l'éventualité de ces catastrophes écologiques, sanitaires et sociales, capables de dégâts considérables. L'image de l'effondrement empruntée à la terminologie médicale a servi de titre à un ouvrage fondateur paru en 2005, *Collapse* (*Effondrement* dans sa traduction française[6]), que l'on doit au scientifique américain Jared Diamond. Cet ouvrage eut une résonance considérable, notamment parce qu'il expliquait comment des sociétés prospères pouvaient s'éteindre relativement brutalement. D'après Diamond, leur effondrement était consécutif à la survenue de plusieurs facteurs, environnementaux ou anthropiques, exclusifs ou combinés, simultanés ou différés. Il a ainsi mis en évidence que des sociétés développées et complexes, telles que les Matamua de l'île de Pâques (dont les statues sont aujourd'hui aussi connues que la triste histoire de l'autodestruction de cette société) ou les Anasazis (Amérique du Nord), se sont effondrées notamment à la suite d'une forte dégradation de leur environnement et de changements climatiques profonds.

Les modèles et les conclusions de Jared Diamond ne sont bien sûr pas infaillibles et plusieurs de ses hypothèses sont contestées. Les résultats de recherches qui portent sur des sociétés qui ont disparu il y a des centaines d'années ne sauraient être pris pour parole d'évangile et toute analyse aussi vaste a ses angles morts et ses biais. Pour autant, la lecture d'*Effondrement* me hante encore et ressurgit en diverses occasions. Lors d'un voyage en Côte d'Ivoire en 2017, alors que j'observais des files de vieux camions Berliet tracter péniblement, dans un nuage de gaz d'échappement, d'immenses troncs d'arbres ponctionnés à la forêt primaire, je n'ai pu m'empêcher de penser aux Matamua de l'île de Pâques, à la déforestation de leur territoire, à ce que Diamond appelle leur « suicide écologique ». Là encore, la Côte d'Ivoire n'est pas l'île de Pâques, mais comment ne pas percevoir une forme de répétition de l'histoire ? Les monocultures de palmeraies et de cocoteraies qui s'étendent sur des milliers d'hectares, là même où existait une forêt primaire il y a encore quelques années, participent d'un drame écologique d'autant plus grave qu'il est graduel, inexorable et globalement accepté par tous. La forêt primaire ivoirienne, qui ne bénéficie pas de la même visibilité médiatique que sa sœur amazonienne, se réduit, jour après jour, comme une peau de chagrin, dans un silence total. Comment, dans ces conditions, ne pas accorder un certain crédit aux thèses de Diamond, dont les travaux ont aussi vocation à éclairer notre avenir à la lumière du passé ?

Les dégradations anthropiques infligées à l'environnement évoluant plus rapidement que les comportements, il a fallu de nombreux rapports du GIEC et du WWF (le Fonds mondial pour la nature), des sécheresses durables et des incendies inextinguibles pour que des influenceurs, des hommes politiques et des scientifiques prennent la mesure du caractère décisif de la variable environnementale sur la destinée, non plus de populations localisées, de pays ou de civilisations, mais de l'ensemble de l'humanité. Le récit de grandes figures de l'écologie comme Rachel Carson* ou, plus près de nous, Al Gore, Cécile Duflot

---

* Dans l'un de ses livres, *Silent Spring* (*Printemps silencieux*), publié en 1962, la biologiste Rachel Carson mettait en lumière les effets des pesticides et des autres produits chimiques utilisés massivement dans l'agriculture aux États-Unis sur les écosystèmes et la santé des hommes. Son ouvrage contribua à l'interdiction du pesticide DDT. Près de soixante ans plus tard, cette enquête est considérée comme l'un des livres fondateurs de l'écologie moderne.

ou Nicolas Hulot fut initialement peu audible, *a fortiori* dans des sociétés où l'optimisme et la foi en des lendemains qui chantent ne sauraient être remis en question par quelque Cassandre.

La pensée écologique est réaliste par essence, sans concessions ou si peu, empreinte d'une narration de l'urgence et annonciatrice d'un effondrement potentiel. Elle progresse au gré des catastrophes naturelles : plus celles-ci affectent directement l'homme – les habitants des pays riches particulièrement –, plus la pensée écologique marque des points dans les consciences.

Paradoxalement, les avertissements des experts ont souvent été banalisés, voire détournés. À ce titre, est-il nécessaire de rappeler l'immense opération de récupération opérée avec succès par l'estampille « développement durable » ? Ce *branding* devenu universel permet d'intégrer les récits effondristes dans le cadre économique préexistant ; rien ne change, sinon les appellations. Panacée des entreprises et des pays à revenus élevés, le développement durable repose sur un formidable oxymore : un développement peut-il être durable dès lors qu'il implique la consommation de ressources finies et la production de déchets à grande échelle ?

Vers un basculement climato-démographique

Il s'agit d'ailleurs de l'objection la plus récurrente faite aux lanceurs d'alerte écologistes ou aux experts de la question environnementale : l'écologie, notamment politique, est un sport de riches, une mode, une peur de privilégiés qui ont beaucoup à perdre puisqu'ils ont déjà tout. À commencer par un luxe, insigne, celui du temps pour réfléchir au futur. Il est vrai que l'écologie revêt probablement un intérêt tout relatif pour les civils du Yémen, les Rohingya ou les réfugiés du Sud-Soudan. Ces derniers pensent d'abord à leur survie au jour le jour puisqu'ils *jouent leur peau* – littéralement –, pour reprendre le mot de Nassim N. Taleb[7]. Soit, admettons qu'il est en effet beaucoup plus facile de modéliser le futur potentiel du monde sous des latitudes tempérées, à forte pluviométrie, avec un véritable État-providence qui pourvoit aux besoins essentiels, une société d'abondance et plus de quatre-vingts ans d'espérance de vie en moyenne. Pourtant, la roue tourne.

Le mythe selon lequel les pays à revenu élevé seront épargnés par le changement climatique et sauront mieux y faire face se craquèle. En témoignent les événements météorologiques extrêmes comme les canicules, dont la précocité, l'ampleur et la durée sont accentuées par le réchauffement de la planète.

Les incendies apocalyptiques qui ont ravagé l'Australie six mois durant, anéanti plus de 10 millions d'hectares de bush et de forêts, rendu l'air irrespirable, exterminé plus d'un milliard d'animaux et contraint des dizaines de milliers de personnes à abandonner leur foyer, sont également là pour nous le rappeler.

Le consensus mou autour de l'écologie se mue progressivement en enjeu fédérateur. L'écologie possède en effet le pouvoir de rassembler au-delà des différences de culture ou de conditions en ce qu'elle détermine la pérennisation ou la chute de nos sociétés. Elle essaime désormais à grande échelle, comme le démontre une enquête menée en 2019, qui met en lumière une réelle appropriation des enjeux écologiques de la part des Français*.

De « l'union par-delà nos divisions », il en faudra, et beaucoup. Nous serons plus de 9,7 milliards d'êtres humains sur la planète en 2050

---

* Enquête de Destin Commun, « La France en quête. Réconcilier les Français grâce à l'environnement ? », 2020 : pour 84 % des sondés, les enjeux environnementaux concernent « tout le monde et dans tous les territoires », seuls 16 % les considèrent comme un problème « pour les riches et les citadins » ; 68 % des personnes interrogées pensent que « la protection de l'environnement pourrait nous unir par-delà nos divisions », et 78 % déclarent « penser souvent aux enjeux liés à l'environnement ».

d'après les prévisions de l'ONU[8]. Cette explosion démographique surviendra essentiellement en Afrique et en Asie, qui se trouvent déjà en situation de précarité hydrique ou alimentaire. Cette pression démographique représente un défi tant écologique que sociétal et soulève une question aussi essentielle que dérangeante : la planète est-elle en mesure de supporter autant de monde ?

Des milliers de scientifiques pensent que la capacité d'accueil de la biosphère a déjà atteint ses limites. Dans une tribune parue en 2019 dans la revue *BioScience*[9], plus de 11 250 chercheurs, issus de 153 pays, expriment leur profonde inquiétude quant aux principales menaces qui pèsent sur la planète, parmi lesquelles figurent la croissance continue de la population humaine, l'appauvrissement de la couche d'ozone, la diminution de la disponibilité en eau douce, le déclin de la vie marine, qui compte de plus en plus de zones d'océan mort, la perte des forêts, la destruction de la biodiversité et les changements climatiques. Ces scientifiques nous rappellent que nous nous exposons à des « souffrances indicibles liées à la crise climatique » et que nous hypothéquons notre avenir en ne maîtrisant pas notre consommation matérielle et notre croissance démographique. Celle-ci, trop rapide et trop continue pour les auteurs, constitue l'une des principales menaces écologiques et sociétales pour l'humanité, l'environnement et la biosphère. C'est pourquoi ce panel d'experts plaide pour une stabilisation de la population humaine, en rappelant que notre hyper-croissance démographique exerce sur la Terre des contraintes telles qu'elles risquent d'annihiler tous les efforts déployés par ailleurs pour nous assurer un avenir durable.

Sulfureux, voire tabou pour certains, un néo-malthusianisme revient régulièrement sur le devant de la scène scientifique en pointant les défis liés à la surpopulation humaine. En mettant sur le même plan une croissance démographique humaine maîtrisée et une répartition plus juste des ressources, il devient de plus en plus acceptable politiquement et audible pour une partie de la population[10]. En effet, un accès équitable aux ressources naturelles élémentaires et vitales est déterminant pour la stabilité géopolitique des nations, à commencer par la nôtre, dans un contexte de flux climato-migratoires massifs plus que vraisemblable dans les années à venir*.

---

* En 2050, l'ONU prévoit que 250 millions de migrants climatiques pourraient être déplacés de façon permanente dans le monde.

Nous autres Occidentaux avons pour la première fois notre destin lié à celui de nos colocataires planétaires moins bien lotis. La « rente de civilisation », décrite par le philosophe Peter Sloterdijk[11], qui fait référence à l'avantage naturel, immédiat et intangible que retire chaque habitant naissant dans un pays riche par rapport à ses semblables de pays pauvres ou émergents, est limitée par l'enjeu environnemental. Pour la première fois, nous avons également, nous autres Occidentaux, notre « peau en jeu ». Nombreux sont d'ailleurs ceux à ressentir ce changement de paradigme, comme l'atteste une étude co-conduite par l'Ifop et la Fondation Jean-Jaurès en octobre 2019 : 65 % des Français interrogés sont d'accord avec le fait que « la civilisation telle que nous la connaissons va s'effondrer dans les années à venir » et 35 % estiment que cet effondrement pourrait advenir d'ici une vingtaine d'années[12].

Être ou ne pas être éco-anxieux ?

Bien sûr, ces impressions ne constituent pas des faits, encore moins des certitudes. Difficile cependant de remettre en question la solidité de la méthode et la validité des conclusions des rapports du GIEC.

C'est là que le bât blesse : la scientifique que je suis comprend et salue la qualité des travaux, mais la citoyenne et maman accuse le coup. Cette double perspective, tant rationnelle qu'intime, est l'apanage de nombreuses personnes solastalgiques, auxquelles j'appartiens depuis la première heure. Se pose dès lors la question d'évaluer la dose de vérité que nous sommes capables de tolérer. J'aimerais tant que ce groupe d'experts se soit trompé, notamment dans son rapport de 2014[13], constitué de différents *scenarii* d'évolution des températures en fonction des émissions mondiales de gaz à effet de serre. Le scénario le plus pessimiste, le RCP 8.5, envisage un réchauffement moyen des températures mondiales de 3,2 à 5,4 °C d'ici la fin du siècle. Si ce scénario catastrophique se réalise, la Terre sera très probablement rendue inhabitable et incompatible avec la vie dans sa globalité[14]. Le rythme actuel des émissions de gaz à effet de serre suit précisément la trajectoire de ce scénario apocalyptique et terminal pour la vie. Le scénario le plus optimiste, le RCP 2.6, modélise quant à lui un réchauffement climatique moyen compris entre 0,9 et 2,3 °C. Inédit dans le rapport du GIEC, il prend en considération le potentiel impact positif de politiques publiques ambitieuses en matière d'environnement, entreprises à l'échelle internationale. Pour que ce scénario se réalise, il faudrait réduire de 40 % à 70 % nos émissions mondiales de gaz à effet de serre d'ici 2050, en espérant aboutir ensuite à des émissions nulles voire négatives d'ici la fin du siècle, ce qui implique de stocker les gaz à effet de serre déjà présents dans l'atmosphère.

Prendre l'éco-anxiété au sérieux, c'est réinscrire l'homme dans son écosystème et respecter son désarroi. La solastalgie tire son essence d'une base scientifique solide, au même titre que la collapsologie[15] – discipline qui pense et analyse les effondrements potentiels –, dont elle partage une certaine idée du monde. La meilleure image pour illustrer la relation qu'entretiennent les solastalgiques et les collapsologues est celle du *pompier pyromane* : les collapsologues (qui souffrent potentiellement eux-mêmes d'éco-anxiété) alimentent la détresse des solastalgiques au travers de leurs constats documentés et de leurs projections alarmantes. En parallèle de la collapsologie, qui offre des outils pour penser les *effondrements prévisionnels,* ne perdons pas de vue ces millions d'*effondrements personnels,* protéiformes et découlant directement de la mise au pas de la nature par l'homme, de l'aliénation et de la surexploitation du vivant au travers de la technique, ce que le philosophe Martin Heidegger appelle l'« arraisonnement de la nature ».

Les individus éco-anxieux pâtissent de leur vision holistique du monde, de leur empathie pour le Vivant, les écosystèmes et la souffrance d'autrui : ils souffrent avec ce qui ne dépend pas d'eux, en tout cas pas directement. Les collapsologues nourrissent involontairement la souffrance des solastalgiques en leur rappelant des vérités qui font mal et des virtualités inquiétantes. En effet, penser l'horizon des impossibles peut s'avérer difficile à maîtriser, tant émotionnellement qu'intellectuellement. Cependant, leur volonté d'informer est éminemment légitime, tel un mal nécessaire pour les personnes éco-anxieuses, désormais en mesure d'identifier leur trouble, de le toiser et de le comprendre. La clé sera de saisir l'optimisme dans ce discours[16]. Mais également de réaliser que, si les constats des collapsologues sont les bons, leurs conclusions ne sont pas inéluctables. C'est la raison pour laquelle j'en appelle à un grand penseur, Pascal, et à son célèbre pari. En l'adaptant à la collapsologie, je dirais que je fais le pari que les collapsologues ont raison, que leurs projections sont essentiellement vraies et que notre intérêt est de les croire. En effet, s'ils ont raison et que l'on suit leurs prescriptions, nous aurons plus de chances d'éviter un effondrement catastrophique (ou du moins réussirons-nous à en limiter la magnitude). Et si nous croyons les collapsologues et qu'ils ont tort, qu'importe, nous nous serons tous trompés et c'est tant mieux, nous n'aurons presque rien perdu, si ce n'est un peu de notre temps. Autrement dit, si l'on gagne en pariant sur la justesse de leurs prévisions, on gagne tout ; si l'on perd, on ne perd presque rien.

Parier n'est évidemment pas la meilleure chose à faire en pareille circonstance. Néanmoins, ce pari de prudence nous invite à écouter le discours des collapsologues *par précaution*. Si leurs analyses se voyaient invalidées et que la situation s'avérait moins grave que prévu, je serais la première à me réjouir de cette méprise. Que vaut l'amour-propre d'une scientifique qui s'est trompée au regard de l'immensité des enjeux ? Au premier rang desquels la possibilité d'une vie heureuse. « La beauté est une promesse de bonheur » pour Stendhal, or nous travaillons activement à la destruction de la beauté du monde, celle des paysages naturels, des forêts, des animaux, et de leur diversité fragile et chatoyante. Cette fois, la rose ne meurt plus « battue ou de pluie, ou d'excessive ardeur », mais sous les coups de boutoir de l'Humanité. Au-delà des souffrances infinies que l'on inflige au Vivant, abîmer la beauté de la nature, c'est nous priver de bonheur. À moins que les collapsologues réussissent là où tant d'autres ont échoué, à savoir inspirer les preneurs de décisions et impulser un élan de long terme.

Pour y parvenir, il faudra que s'installe et se maintienne dans la population une certaine perméabilité aux thèmes collapsologiques, une imprégnation écologique et une capacité à remettre en question certains dogmes inoxydables des cinquante dernières années – la nécessité d'une croissance économique ininterrompue, l'*hubris* technologique, la consommation comme réalisation personnelle et clé du bonheur, les transports longue distance et le tourisme international comme voies d'accès au statut de citoyen du monde. Ces idoles ont la vie dure et seul leur crépuscule permettra d'infléchir les conclusions de la collapsologie.

Les individus solastalgiques ont cela de particulier qu'ils ont bien compris que quelque chose ne tourne pas rond. Ils tentent de se déprendre de ces idoles, sans toujours y parvenir, discrètement, en silence et parfois en souffrance.

Aux origines de la solastalgie

La notion de solastalgie, définie en 2007 par Glenn Albrecht, philosophe de l'environnement et ancien professeur à l'université de Murdoch en Australie, décrit initialement la dimension psychologique du lien entre nature et santé humaine. Solastalgie provient de la réunion de *solacium*, « réconfort » en latin, et d'*algie*, du grec ancien *algos*, « douleur ». Littéralement, la solastalgie tire son essence de la perte de réconfort engendrée par l'altération d'un environnement ou d'un chez-soi familier. Ce sentiment se rapproche de la nostalgie ou de la mélancolie que l'on peut ressentir lorsque l'on quitte un foyer aimé : le fameux *mal du pays*, vague à l'âme teinté d'une certaine douceur qui accompagne nombre d'exilés lors de leur périple, exilés qui pensent aux habitudes, aux odeurs, aux sons et aux repères laissés derrière eux, qui leur manquent et qu'ils espèrent retrouver un jour. La nostalgie n'est pas nécessairement négative, car, si quelque chose nous manque, c'est que nous l'aimons. Les Allemands possèdent un terme, sans équivalent dans notre langue, pour traduire ce sentiment : la *Sehnsucht*. Celle-ci fait référence aux pensées et aux émotions intenses que l'on ressent au souvenir d'un paradis perdu – réel ou imaginaire –, où le bonheur d'y vivre se fracasse sur le principe de réalité.

Dans son article fondateur[17], Glenn Albrecht développe les fondements de la solastalgie en prenant comme exemple deux expériences de dégradation de l'environnement dans les régions rurales du Sud-Est australien. Il y étudie les conséquences psychologiques engendrées par l'expérience d'une catastrophe naturelle, incarnée par un épisode de sécheresse persistante, et par celle d'une modification humaine de l'environnement, au travers d'une exploitation minière de charbon à ciel ouvert dans la région d'où il est originaire. Dans les deux cas, les personnes exposées au changement de leur environnement familier ont subi un impact psychologique négatif exacerbé par un sentiment d'impuissance et de manque de contrôle sur les modifications de leur habitat. Glenn Albrecht nommera ce nouvel état d'esprit *solastalgia*. Ses facteurs déclenchants sont multiples et peuvent être d'origine tant naturelle qu'anthropique. Ainsi, les guerres, le terrorisme, la déforestation, la gentrification d'un quartier ou la création d'une exploitation minière peuvent être en cause.

Nous sommes cette fois dans les Appalaches, chaîne montagneuse de Virginie-Occidentale située dans l'Est américain et berceau de l'industrie du charbon. Des centaines de galeries étaient originellement creusées dans les entrailles de la terre afin d'en extraire le minerai noir. Désormais, afin d'économiser du temps et de la main-d'œuvre, les montagnes et leurs sommets sont décapités à coups d'explosifs : il s'agit de la technique du *mountaintop removal*, caractérisée par une exploitation à ciel ouvert de la montagne. Ainsi, c'est un paysage à la Mad Max qui s'étend à perte de vue. Les flancs des collines, les forêts et les vallées sont nervurés de routes caillouteuses sur lesquelles circulent nuit et jour des camions à benne gigantesques, faisant trembler le sol sous leur va-et-vient incessant. D'immenses tractopelles succèdent à des excavateurs monumentaux qui lacèrent les flancs de la montagne. Ces monstres de métal emportent à chaque morsure des tonnes de minerai et laissent derrière eux un paysage lunaire et dévasté. Des trous béants larges comme des cratères d'obus – de ceux que l'on aperçoit à Douaumont, ancien champ de bataille de la Grande Guerre situé dans les environs de Verdun – constellent ce paysage aux airs de gueule cassée minérale dont toutes formes de végétation ou de faune ont été éradiquées. L'écrêtage des montagnes a anéanti des milliers d'hectares de forêt, enterré des kilomètres de ruisseaux et laminé les populations de cerfs de Virginie, de lynx roux, de ratons laveurs, de pumas et d'ours noirs.

Une étude menée dans la région[18] a mesuré la solastalgie et la dépression parmi les résidents des zones d'extraction du charbon à ciel ouvert. Les auteurs ont constaté que la détresse exprimée par les résidents était proportionnelle aux destructions environnementales occasionnées par l'industrie minière : plus l'environnement était dégradé, plus le moral des habitants était bas, et les personnes résidant à proximité immédiate des mines avaient 40 % de risques en plus de développer une dépression par rapport aux individus qui habitaient plus loin. Ainsi, voir ou vivre un événement dramatique affecte la santé mentale des individus.

La solastalgie peut également survenir à la suite de catastrophes naturelles comme les inondations, les pluies diluviennes, les sécheresses ou les feux de forêt. J'aimerais m'attarder sur ces derniers, car ils constituent un exemple abondamment documenté dans la littérature scientifique, notamment pour leurs conséquences psychologiques sur les personnes qui en sont témoins ou victimes. Plusieurs études ont en effet analysé les réactions des habitants après un feu de forêt, et celles-là rapportent l'existence d'une affliction causée par la destruction de la forêt et d'un fort désir de renouer avec le paysage familier originel. Une étude américaine[19] a mis en évidence que la sensibilité au monde induite par la solastalgie est une cause de détresse psychologique – même si cette sensibilité semble également engendrer une plus grande résilience. L'étude commence en Arizona, aux États-Unis. Du 29 mai au 20 juin 2011, un incendie de grande ampleur ravage 1 180 kilomètres carrés de forêt. Pendant trois semaines, 6 000 personnes assistent, impuissantes, à la destruction de leur environnement et sont évacuées. Celles-ci tentent d'échapper au tourbillon de flammes qui attaque l'écorce des chênes centenaires et les abat au terme d'une lutte inégale, carbonise les pinèdes, se propage inexorablement malgré la noria de Canadair et les efforts des pompiers pour juguler l'incendie et secourir la forêt et ses hôtes.

Les chercheurs de l'université de Californie ont mis quelques chiffres sur cette tragédie qui a anéanti en quelques jours des générations d'animaux et de végétaux. Ils se sont rendus dans la zone concernée, trois mois après le terrible incendie, pour y diligenter des entretiens avec les populations affectées à des degrés divers par le feu*. Ils ont mis en

---

* Cinq communautés d'habitants ont été interrogées : deux de ces communautés avaient été entourées par les flammes, deux autres avaient vu le feu à leur périphérie et la dernière n'avait pas été directement touchée par l'incendie, mais avait dû être évacuée du fait d'importants problèmes de fumée. Dans cette étude, la solastalgie était mesurée grâce à une échelle qui comptait six questions relatives au stress, à la tristesse, au sentiment de perte et de deuil ressentis à la suite de l'incendie et de la disparition des paysages originels. Ces questions avaient pour objectif de mettre en lumière l'existence ou non d'un sentiment de perte de connexion et de réconfort lié à la disparition de la forêt environnante. Plus le score du questionnaire était élevé, plus le sentiment de perte était considéré comme important. La détresse psychologique était quant à elle mesurée grâce à l'échelle K10.

évidence que 95 % des 416 participants étaient tristes lorsqu'ils regardaient les paysages brûlés et que 71 % se sentaient en deuil de la forêt après l'incendie. Certains facteurs atténuaient la détresse psychologique, tels qu'un soutien familial important et un revenu annuel par ménage supérieur à 80 000 dollars. Sans surprise, ces résultats soulignent l'importance des ressources familiales et financières nécessaires – bien qu'inégalement réparties – pour se remettre d'un tel drame.

Les catastrophes naturelles sont également responsables d'états de stress post-traumatique[*], de dépressions et de pensées suicidaires chez les personnes les ayant vécues[20]. D'après les scientifiques du GIEC[21], ces événements météorologiques

---

[*] Les états de stress post-traumatique se caractérisent par un syndrome intrusif : la victime revit le traumatisme par des pensées, des cauchemars, des images, des flash-backs, des sensations physiques intrusives, répétitives et envahissantes. Sont également souvent présentes une hypervigilance et une attitude d'évitement des situations rappelant ou symbolisant les circonstances du traumatisme initial. De façon assez unique dans le vaste éventail du manuel international des maladies mentales (DSM-V) qu'utilisent la majorité des psychiatres et des chercheurs, les états de stress post-traumatique contiennent leur cause dans leur définition. En d'autres termes, pour poser un diagnostic d'état de stress post-traumatique, il faut nécessairement qu'un événement traumatisant ou une confrontation à la mort ait eu lieu.

extrêmes risquent d'être de plus en plus nombreux, fréquents, intenses, voire concomitants, du fait du réchauffement climatique.

    Au-delà de ces catastrophes naturelles, il existe désormais des phénomènes globalisés qui altèrent l'environnement planétaire. Parmi ces phénomènes systémiques figurent le réchauffement climatique, les pollutions, la déforestation, les changements d'utilisation de l'eau et des sols, l'acidification des océans et l'effondrement de la biodiversité. Nous les appellerons de manière générique « changement environnemental global » pour une lecture plus fluide. Ce dernier a et aura des conséquences sur notre santé, ainsi que sur notre bien-être et celui des générations futures. Le réchauffement climatique affecte déjà la santé mentale de différentes manières. C'est pourquoi l'Association américaine de psychologie a reconnu en 2017 qu'il pouvait accroître les pathologies liées au stress, comme les addictions, les troubles anxieux et la dépression. À titre d'exemple, la communauté inuit, qui vit dans l'une des parties du monde où le réchauffement climatique progresse le plus rapidement, voit les problèmes de drogue et d'alcoolisme augmenter pour « remplir le vide » laissé par cet environnement qu'elle ne reconnaît plus. Il semble de plus établi que les vagues de chaleur s'accompagnent de vagues de suicides[22] et d'une augmentation de la détresse psychologique des populations, notamment lorsque l'humidité ambiante se maintient à un niveau élevé[23]. En limitant le phénomène naturel de sudation qui permet de faire baisser la température interne du corps, l'humidité rend en effet la chaleur d'autant plus insupportable et fragilise les populations. Les canicules épuisent également l'esprit en perturbant la qualité du sommeil et contribuent à l'augmentation de la sécrétion de l'hormone du stress[24], le cortisol, qui favorise les comportements violents. Un article paru dans le *Lancet*[25], l'une des plus grandes revues médicales internationales, met en évidence le fait que le réchauffement climatique peut être associé à la solastalgie, que les auteurs de l'article définissent comme « un sentiment de perte angoissant que peuvent ressentir des individus dont les terres ou les paysages familiers sont endommagés ». La solastalgie fait désormais l'objet d'une littérature scientifique émergente mais déjà foisonnante qui met en lumière les dimensions émotionnelles et psychologiques du changement environnemental global en général, et du réchauffement climatique en particulier.

Humaniste et optimiste de nature, je veux voir ce qu'il y a de meilleur en l'humanité et espère

L'ÉCO-ANXIÉTÉ

un sursaut de lucidité collectif, car je crois à une forme de raison dans l'Histoire. Puissent les perspectives dramatiques qui s'amoncellent et les données météorologiques qui précèdent n'être qu'une ruse pour tester notre inventivité, notre créativité, en un mot, notre génie collectif ! Notre espèce a activement contribué à la destruction, à la « dodoïsation », totale ou partielle, de nombreuses autres. J'espère qu'elle contribuera en fin de compte à les protéger, notamment pour se sauver elle-même. Enfin, je crois fermement en notre capacité à changer promptement de paradigmes, à revisiter nos modes de vie, d'organisation, de déplacement, et nos habitudes de consommation. L'expérience pandémique grandeur nature engendrée par la Covid-19 atteste de notre capacité de réaction et de mobilisation lorsque les circonstances l'exigent. Le défi environnemental provoquera-t-il un sursaut collectif aussi résolu que celui du coronavirus ?

CHAPITRE 2

MALAISE DANS LA CIVILISATION

> « Le soir, au coin du feu, j'ai pensé bien des fois,
> À la mort d'un oiseau, quelque part, dans les bois. »
> François Coppée, « La mort des oiseaux »

Les constats scientifiques ou empiriques sur la tragédie environnementale en cours, perçue comme anecdotique ou inéluctable par certains, peuvent au contraire être vécus comme un drame personnel par d'autres, comme une véritable perte de sens, engendrant souffrance et remise en question. Le silence de ceux qui pâtissent de cet état de fait n'enlève rien à la réalité de leurs tourments et à la légitimité de leurs aspirations : s'ils ne disent mot, ils ne consentent point.

Nouveau mot, nouveaux maux

Pour tenter de comprendre nos trajectoires individuelles, tâchons d'appréhender les différents ressorts de l'éco-anxiété au travers des questions suivantes : comment devient-on éco-anxieux ? Dans quelle mesure l'éco-anxiété modifie-t-elle notre rapport à nous-mêmes, aux autres et au monde ? Qui sont véritablement les individus éco-anxieux ?

Dans le cas de la solastalgie, l'individu éprouve un mal du pays inversé, un « exil sans départ » pour reprendre l'expression du philosophe Baptiste Morizot. Le mal du pays, c'est le pays que l'on quitte, la solastalgie, c'est le pays qui nous quitte. Éco-anxieux, nous restons chez nous et assistons à l'altération ou à la disparition d'un environnement familier, souvent de façon définitive et sans possibilité de retour à un état originel. À ce titre, il n'est pas nécessaire de vivre directement et personnellement une expérience de destruction d'un environnement proche et familier pour se sentir affecté. Entre également en jeu la crainte que la Nature d'aujourd'hui, sa beauté et sa complexité soient potentiellement réduites, demain – une fois le processus de sa « dodoïsation » achevé –, à un simple souvenir ou à un objet de fiction. La solastalgie fait ainsi référence au sentiment hybride de tristesse, d'impuissance, d'inquiétude, de colère, de frustration et de dépossession que l'on peut ressentir en prenant conscience des conséquences néfastes, voire irréversibles, de certaines activités humaines sur la Nature et le Vivant.

La solastalgie, qui peut s'exercer sans condition de profession, d'âge, de culture ou d'origine, est également l'expression d'un double décalage. D'abord, par rapport à la société de consommation et aux valeurs qu'elle véhicule ; ce premier décalage renforce le sentiment de solitude, d'incompréhension, voire de colère face à l'inaction individuelle et collective. Le second décalage concerne les personnes qui se retrouvent happées par un quotidien urbain ou un environnement pollué. Cette situation les place à distance de leur aspiration à une vie plus simple, plus résiliente, et peut renforcer leur sentiment de se sentir « piégées » dans une existence qui ne correspond pas à leurs valeurs profondes. Pour autant, il peut demeurer compliqué de franchir le pas vers une « nouvelle vie », de s'inscrire en rupture avec son environnement familier et des habitudes de consommation et de mobilité très ancrées. Les paradigmes traditionnels se perpétuent avec constance. Nous continuons ainsi, malgré nous et plus ou moins consciemment, à vivre comme si de rien n'était, avec peut-être, au fond, l'espoir que les choses resteront inchangées. Ce décalage qui s'opère entre notre conscience et notre quotidien constitue une « dissonance cognitive », un tiraillement interne, et peut aboutir à une réelle souffrance morale.

L'anxiété qui sous-tend la solastalgie se définit quant à elle comme une inquiétude vis-à-vis de dangers futurs, non advenus, diffus et plus ou moins identifiés ; c'est ce qui la différencie de la peur, laquelle s'inscrit en réaction à des dangers présents, clairement caractérisés et constituant une menace immédiate pour l'intégrité de la personne. Au regard des clarifications qui précèdent, l'on comprend que l'éco-anxiété se rapporte au sentiment d'inquiétude eschatologique latente et partiellement indéterminée liée à l'évolution de notre planète. L'éco-anxiété est partie prenante de la solastalgie, dont elle constitue une ramification essentielle. À mesure que la solastalgie et l'éco-anxiété se voient cartographiées, documentées et médiatisées, de nouveaux « dérivés » émergent, tels que la météo-anxiété[26], qui fait référence à l'anxiété ressentie lorsque le climat devient imprévisible, erratique, voire menaçant.

Hypersensibilité au monde ou nouvelle pathologie mentale ?

En médecine, la frontière entre le normal et le pathologique s'avère parfois ténue. L'éco-anxiété, ou solastalgie, qui ne figure pas dans le vocabulaire médical, est-elle une nouvelle maladie mentale[27] ? À ce jour, il n'y en a ni enseignement spécifique en faculté de médecine ou de psychologie ni mention dans le manuel international des maladies mentales (DSM-V).

Une maladie mentale se caractérise par un fonctionnement psychique considéré comme inadapté selon la norme sociale. Cet écart par rapport aux codes sociaux dominants est défini selon le référentiel psychique, les croyances et les normes de la majorité de la société. Lorsqu'il devient difficile ou impossible pour un individu de s'adapter à son environnement, des symptômes peuvent apparaître, et inversement. S'ils ont un retentissement sur le fonctionnement et le comportement habituels de la personne, ou que la souffrance morale devient trop intense, il est possible que la frontière vers le « pathologique » ait été franchie. Néanmoins, lorsque l'environnement social dysfonctionne, il devient injuste de devoir s'y adapter. À titre d'exemple, attendrait-on d'un individu qu'il consentît sa vie durant à un contexte d'agressions, de maltraitance, de violence au sens large, ou à un régime politique autoritaire ? Évidemment non, à moins d'augmenter le risque que ce sujet développe des troubles réactionnels comme les états de stress post-traumatique ou la dépression.

Toutes proportions gardées, l'éco-anxiété, qui découle d'une analyse lucide de l'état du monde, est engendrée par un certain dysfonctionnement de la société. Les personnes éco-anxieuses sont, *in fine*, les personnes rationnelles et lucides dans un monde qui ne l'est pas. Bien que les blessures faites à la Nature puissent provoquer un sentiment de perte de sens, voire d'indignation et de colère, il est important de ne pas pathologiser des émotions ou des réactions normales face à un événement indésirable. C'est la raison pour laquelle l'éco-anxiété n'est pas une maladie mentale. Elle traduit plutôt un état d'esprit, une nouvelle sensibilité au monde, un sentiment de détresse polymorphe causée par les changements négatifs et subis de l'environnement, et une crainte du futur. Elle constitue un état de rupture avec la manière d'appréhender l'avenir, désormais perçu comme incertain, flou, voire hostile. Elle reflète également une intelligence émotionnelle forte. Or *émotion* provient du latin *motio*, qui signifie mouvement ; cette étymologie porte en elle l'essence dynamique d'un état émotionnel intense comme l'éco-anxiété.

Si elle n'est pas un état pathologique en soi, l'éco-anxiété peut, lorsqu'elle devient trop envahissante, entraîner des troubles cliniques comme des attaques de panique, des troubles anxieux, des épisodes dépressifs caractérisés ou des *burn-out*. Le développement de ces troubles n'est pas systématique. Il dépend du contexte quotidien, de nos vulnérabilités personnelles et de notre intégrité psychique. En un mot, de l'identité et du vécu de la personne éco-anxieuse.

L'éco-anxiété, entre autres impacts, génère également du stress. Ce terme fait référence aux mécanismes physiologiques d'adaptation de l'organisme face à un stimulus qui menace son « homéostasie » ou son équilibre interne[28]. Lorsque survient dans l'environnement habituel d'un individu un changement important ou menaçant, les mécanismes de réponse au stress sont activés. Face à toute situation, la première réaction consiste à l'évaluer. Sommes-nous face à une menace, à un défi ou à un événement déjà connu ? De ce « stress perçu » découle une évaluation des ressources personnelles, relationnelles ou institutionnelles dont nous disposons afin de faire face aux exigences de la situation. Il s'agit du « contrôle perçu » qui nous permet ensuite d'élaborer des stratégies d'adaptation.

Le stress aigu, de court terme, est considéré comme bénéfique lorsqu'il nous incite à nous dépasser et que les situations sont contrôlables à l'échelle d'un individu ou d'une communauté. Cette réaction d'alarme, présente en nous depuis les origines, nous a permis de survivre pendant des millénaires, notamment en préparant notre cœur et nos muscles à l'action, à la fuite ou au combat. Face à un danger ponctuel, le stress aigu entraîne une mobilisation des ressources internes via le système nerveux sympathique. Celui-ci permet d'augmenter la sécrétion d'adrénaline et de noradrénaline qui préparent le cœur (tachycardie) et les muscles (tension musculaire) à l'action.

Le stress peut cependant devenir nuisible, voire dangereux pour la santé, s'il est répété ou prolongé et que les situations s'avèrent incontrôlables. En effet, si la fuite ou le combat ne sont pas envisageables, l'individu se retrouve dans une situation d'inhibition. De cette inhibition de l'action découlent angoisse et stress chronique. Celui-ci engendre une modification de l'architecture cérébrale, notamment une diminution de la substance grise du cortex préfrontal et de l'hippocampe[29]. Le stress chronique diminue la capacité à gérer ses humeurs et ses émotions, et entraîne une irritabilité, une hypervigilance, voire une agitation anxieuse. Le risque d'épuisement ou de *burn-out* de l'organisme guette, et les symptômes sont multiples : fatigue, insomnies, troubles de l'appétit, mésestime de soi, pensées suicidaires, mal de dos, troubles cardio-vasculaires et baisse des défenses immunitaires.

Dans le cas de l'éco-anxiété, les facteurs de « stress perçu » sont quasi permanents : assauts médiatiques quotidiens de mauvaises nouvelles environnementales, flux continu d'informations négatives sur les réseaux sociaux ou encore inaction collective. Face à ces stress quotidiens, le risque de saturation et de débordement de la psyché est réel. Comme un professionnel de santé qui souffrirait avec les patients qu'il soigne, un individu qui souffre avec la planète et ses habitants s'expose à une usure compassionnelle, à un trop-plein d'empathie qui peut l'épuiser et devenir, à terme, mortifère. Qui plus est, les situations à l'origine du stress – comme les changements environnementaux globaux – ne sont pas contrôlables à l'échelle individuelle. Le « contrôle perçu » est donc objectivement très faible, ce qui contribue à renforcer les sentiments d'impuissance et d'anxiété.

Par ailleurs, aux situations actuelles qui pèsent sur le mental de certains s'ajoute l'inquiétude anticipatoire de ce que sera potentiellement le monde de demain. Ces stress *pré-traumatiques*, qui caractérisent l'éco-anxiété, accentuent le sentiment de solastalgie et peuvent parfois déborder les capacités d'adaptation, conduisant dès lors à des effondrements psychologiques. Un trop-plein d'émotion peut également se traduire par des conséquences sur notre santé physique, comme en témoigne le « syndrome du cœur brisé » ou *tako-tsubo*.

L'évocation du *tako-tsubo* me ramène à ma deuxième année de médecine, au cours de laquelle j'effectuais mon premier stage dans le service de cardiologie de la Pitié-Salpêtrière à Paris. Le cardiologue qui nous encadrait nous présenta pour la première fois le syndrome, et cette découverte me fit prendre conscience des liens très forts qui unissent notre corps et notre esprit. *Tako-tsubo* signifie « piège à poulpe » et fait référence à la forme d'amphore du piège à poulpe traditionnel japonais que prend le ventricule gauche du cœur lors d'un épisode de *tako-tsubo*. Ce trouble se caractérise par des signes évocateurs d'un infarctus du myocarde et, bien que transitoire, expose à un risque élevé de complications cardiaques et de récidive. Si la physiopathologie de ce syndrome n'est pas encore complètement élucidée, elle est néanmoins centrée sur les médiateurs du stress. Des taux sanguins élevés des hormones du stress (adrénaline et noradrénaline notamment) entraîneraient des anomalies de la microcirculation sanguine au niveau du muscle cardiaque. De plus, ces hormones auraient une certaine toxicité sur les cellules du muscle cardiaque, conduisant à un infarctus sans caillot. C'est pourquoi cette maladie peut apparaître après un stress physique ou psychologique intense, notamment lorsque celui-ci a une origine négative (deuil, colère, anxiété), ce qui fait du *tako-tsubo* un exemple parfait de trouble psychosomatique[30]. Également engendré par des catastrophes naturelles (inondations, cyclones, tremblements de terre et tsunamis), le *tako-tsubo* est là pour nous rappeler à quel point corps et esprit, santé physique et bien-être psychique, ont destins liés. L'expression silencieuse de l'éco-anxiété n'enlève rien à son expansion croissante, à son emprise sur les esprits et, par voie de conséquence, sur les corps. À ce titre, le proverbial « un esprit sain dans un corps sain » de Juvénal reste d'une actualité brûlante.

Les cinq séquences du cheminement solastalgique

Nous l'avons vu dans le premier chapitre, on ne naît pas éco-anxieux, on le devient, au fur et à mesure que notre compréhension de la situation environnementale globale s'affine. L'intensité de l'éco-anxiété ressentie dépend de notre niveau de perception et d'appréhension de la crise en cours. Le Canadien Paul Chefurka a développé un modèle en cinq étapes qui permet de suivre la trajectoire psychologique d'une prise de conscience écologique[31]. Ce cheminement pourrait s'appliquer aux individus solastalgiques. Cette grille de lecture prend inévitablement des raccourcis, compte tenu du large panel de sensibilités dynamiques qui sous-tendent l'éco-anxiété, mais elle constitue un paradigme fonctionnel et efficace pour comprendre la mise en place de ce « logiciel ».

La première étape, dite du « sommeil profond », caractérise l'ère pré-solastalgique. Ce temps zéro est celui d'une certaine insouciance, durant laquelle l'individu concerné ne se pose pas nécessairement de questions majeures sur l'organisation de nos sociétés. Le déroulement de nos vies est considéré comme allant de soi, réglé et acquis.

Comme tout changement d'état, il y a un avant et un après : l'« après » constitue la deuxième étape, qui marque le point d'entrée dans la solastalgie. Cette étape, qui constitue un véritable point de bascule individuel, est celle de la prise de conscience de l'existence d'un problème environnemental fondamental. Il peut s'agir du réchauffement climatique, de l'effondrement de la biodiversité, de la surconsommation ou de la souffrance animale. Quel que soit le problème retenu, il bouleverse émotionnellement la personne concernée. S'ensuit une période de désarroi qui s'accompagne en général d'une recherche d'informations et de solutions pour tenter de résoudre *le* problème identifié, qui occulte – pour l'heure – tous les autres. Ce stade est celui de la solastalgie que je qualifierais de « simple », en ce qu'elle se focalise sur une cause et une seule.

Graduellement, et l'on atteint alors la troisième étape, l'individu prend conscience de l'existence de la pluralité des problèmes. Cette étape, véritable ascenseur émotionnel, peut s'avérer difficile à traverser sur un plan psychique ; elle est fréquemment vécue comme un choc existentiel. Ce stade correspond à la solastalgie dite « complexe », au cours de laquelle commence à poindre l'éco-anxiété et, dans son sillage, l'inquiétude vis-à-vis de l'avenir, notamment si la personne a – ou envisage d'avoir – des enfants, nous y reviendrons. Pour se protéger d'un afflux de pensées par trop anxiogènes, une réponse fréquente consiste à s'abriter dans une forme de déni. Lequel aboutit à hiérarchiser les différents problèmes identifiés, selon leur gravité et leur niveau d'urgence perçus. Par ce mécanisme de défense psychologique, les maux ciblés comme étant les plus critiques occulteront temporairement les autres, jugés de moindre importance.

Vient ensuite la quatrième phase, qui consiste à comprendre que les problèmes identifiés sont intrinsèquement corrélés et qu'en résoudre un (par exemple en installant des panneaux solaires pour réduire les émissions de gaz à effet de serre liées aux énergies fossiles) peut en aggraver un autre (déforestation engendrée par l'installation de ces monocultures de panneaux solaires et destruction de l'environnement provoquée par l'excavation des terres rares qui composent les batteries des panneaux). Cette pensée en réseau capable d'appréhender la situation environnementale dans sa globalité aboutit généralement à une solastalgie « systémique ». L'individu se sent alors submergé par l'absence de solutions rapidement actionnables à un niveau individuel. Au cours de cette traversée, la personne aura tendance à se tourner vers des pairs disposant d'une perception similaire de la situation. Cette recherche d'informations, qui va progressivement se transformer en véritable quête identitaire, permet de mieux comprendre la situation en l'analysant à plusieurs et d'exprimer ses émotions, son potentiel mal-être, ainsi que ses questionnements en bénéficiant d'un supplément d'empathie. La quatrième étape aboutit fréquemment à une remise en question majeure de l'individu, affectant plusieurs pans de son existence, à commencer par son alimentation, ses modes de consommation et de déplacement, la localisation et l'aménagement de son lieu de résidence, la nature de sa profession, voire son projet de parentalité. Les phases précédentes peuvent toutes se traduire par une mise en mouvement de la personne solastalgique, qui cherche alors à déployer des solutions à son échelle.

Lors de la cinquième et dernière étape du processus décrit par Paul Chefurka, l'individu réalise que la situation environnementale est globale, généralisée à l'ensemble des compartiments de sa vie et de la société, et que les solutions éventuelles à l'impasse écologique dépassent très largement sa seule capacité d'action ou celle de sa communauté. Je me souviens à ce titre d'un jeune homme qui, me faisant part de son éco-anxiété, m'a un jour dit : « Pour aller mieux, j'ai juste besoin que le monde change. » Ce point de non-retour se caractérise par un fort sentiment d'impuissance où prédomine l'impression que « tout est foutu », qu'il n'y a plus d'espoir. Pour certains, la prise de conscience d'un monde vivant qui se meurt engendre le sentiment d'une perte infinie qui se rapproche du vécu douloureux d'un deuil. Le sentiment de deuil lié à la solastalgie diffère néanmoins du deuil au sens « classique » du terme, dont l'objet douloureux est généralement unique, ponctuel et figé dans le temps.

Dans le cadre du deuil solastalgique, les pertes sont légion, répétées, et se prolongent indéfiniment. L'individu ne fait pas le deuil d'une vie passée, mais d'une certaine vision du présent et plus encore de l'avenir. Il ne se réfère pas à ce qui *a été*, mais à une réalité qui ne *sera* potentiellement plus. Comme le vertige, peur salvatrice qui permet de ne pas basculer dans le vide, dépasser cette étape *vertigineuse* permet de ne pas se diluer dans une solastalgie noire et inhibitrice. Demeurer dans cette cinquième phase, c'est s'exposer à un véritable épisode dépressif caractérisé qui nécessite un soutien médical et psychologique. Ce cas constitue probablement une minorité de formes d'expression de l'éco-anxiété, mais ne saurait pour autant être négligé, tant le dépassement de cette ultime étape conditionne le bien-être psychologique de l'individu et son équilibre de vie à long terme. Nombre de personnes s'efforcent donc de ne pas s'attarder dans cette cinquième phase et de se « rediriger » vers les étapes précédentes de leur solastalgie. À ce processus inspiré de Paul Chefurka pourrait s'ajouter une ultime étape, celle qui consiste à réinventer sa solastalgie, comme nous le verrons dans le dernier chapitre.

Portraits-robots des profils éco-anxieux

Les définitions et mécanismes posés, il reste à les incarner. Il s'agit moins de définir un profil type que de proposer une grille de lecture à même de capturer les nuances – en termes de comportement, de psychologie, de réactions et de sensibilité – qui existent chez les personnes éco-anxieuses.

Quatre profils de personnes éco-anxieuses peuvent être définis : les éco-anxieux *relatifs* et les éco-anxieux *absolus*, qui peuvent chacun être *engagés* ou *passifs*.

Les éco-anxieux *relatifs* sont certes inquiets, mais ils parviennent à maintenir leurs préoccupations sous contrôle et à mettre leurs craintes à distance. Ils comprennent que la situation environnementale s'avère problématique, mais ils ne se laissent pas, ou peu, submerger par ces pensées inconfortables. Leur quotidien ne se voit que marginalement impacté par leur solastalgie. Lorsque les éco-anxieux relatifs présentent un profil *engagé*, ils s'impliquent et se montrent actifs sur les sujets qui leur tiennent à cœur, tels que la réduction de leur production de déchets, une moindre consommation de viande et de poisson, ou une autolimitation des déplacements, notamment par avion. Si les éco-anxieux relatifs engagés adoptent des comportements éco-vertueux, leur mode de vie général reste globalement en accord avec la norme sociétale dominante.

Quant aux éco-anxieux relatifs *passifs*, leur solastalgie ne se traduit que rarement par des actes quotidiens ou un engagement écologique résolu. Ils sont dans la configuration d'une adhésion de principe plutôt qu'en actes. S'ils sont d'accord sur les constats, ils divergent ou restent indécis sur les actions à mettre en place et éprouvent des difficultés à faire évoluer leurs habitudes de consommation, d'alimentation et de mobilité. Cette inaction peut s'expliquer par une aversion au changement ou par une forme de solastalgie superficielle, édulcorée et peu incarnée. De manière générale, les éco-anxieux relatifs, qu'ils soient engagés ou passifs, sont bien intégrés dans la société et ne souhaitent pas se retrouver en marge de cette dernière en raison de leurs engagements. Ils appellent en revanche de leurs vœux une évolution de nos organisations et de nos institutions, et se montrent disposés à se laisser embarquer vers un changement de société, pour peu que tout le monde suive et sans qu'il soit nécessaire de consentir des efforts ou des sacrifices perçus comme trop importants.

Inversement, les éco-anxieux *absolus* éprouvent des difficultés à se déprendre de leurs perceptions et de leurs émotions. Ils vivent et pensent le monde au travers du prisme de leur éco-anxiété. Les éco-anxieux absolus de type *passif* ne parviennent pas à se départir de la solastalgie qui les habite, ils ruminent des pensées négatives et manifestent parfois des fixations quasi obsessionnelles sur des événements extérieurs sur lesquels ils ont peu de prise. Cette hypersensibilité et cette très forte empathie avec les souffrances d'autrui peuvent avoir des conséquences sur leur vie quotidienne. Certains d'entre eux se retrouvent dans l'incapacité de s'épanouir dans leur quotidien, notamment au travail, qu'ils jugent dérisoire et sans intérêt au regard des enjeux environnementaux et de leurs conséquences. Cette perception par les éco-anxieux absolus d'un monde « complètement pourri » peut conduire au découragement et à la lassitude face à l'immensité des enjeux. Ce sentiment d'impasse est également porteur d'une essence mortifère, dont découle le risque élevé d'une émergence de pensées sombres, voire suicidaires, d'une culpabilité inappropriée et d'une hypersensibilité douloureuse. Il arrive que l'éco-anxiété masque un mal-être plus profond et se développe sur un terrain déjà anxieux, dont les inquiétudes sont exacerbées par le contexte écologique. Ce dernier devient dès lors l'exutoire d'une angoisse existentielle plus intime. Cette réalité, un ami psychiatre me l'a énoncée en ces termes : « La tristesse s'immisce dans ce qui nous définit le plus. »

Enfin, pour les éco-anxieux absolus de type *engagé*, dès lors que leur éco-anxiété s'accompagne d'une mise en mouvement et se déploie vers l'action, elle leur offre le potentiel de se réaliser personnellement, en décidant par exemple de changer de lieu d'habitation, de profession ou de partir vivre dans une communauté résiliente. Cet état d'esprit peut également engendrer des choix de vie plus radicaux, comme le fait de ne pas avoir d'enfants pour le « bien » de la planète. Cette infécondité volontaire semble néanmoins minoritaire. D'après l'Institut national d'études démographiques (INED), elle ne concernerait que 6,3 % des hommes et 4,3 % des femmes en France[32]. Cette proportion reste stable au fil des générations[33]. Si les principaux motifs exprimés pour la justifier s'avèrent essentiellement d'ordre individuel – avantages économiques et financiers à ne pas avoir d'enfant, absence de contraintes, plus grande liberté d'action, compétences parentales perçues comme insuffisantes –, les motivations altruistes ou écologiques ne doivent pas être négligées. Certains individus qui ne souhaitent pas accéder à la parentalité justifient en effet leur décision par la nécessité de limiter la croissance démographique et la détérioration écologique de la planète liée à la pollution et à l'épuisement des ressources[34].

In fine, le meilleur indicateur pour différencier les éco-anxieux absolus des éco-anxieux relatifs demeure le niveau de rupture avec la société qu'ils sont en mesure ou non d'assumer. Les éco-anxieux absolus tendront ainsi plus facilement à se distinguer ou même se couper du corps social dominant pour réduire leur dissonance cognitive et mener une vie compatible avec leurs valeurs et leurs aspirations. Leurs choix de vie ou leurs habitudes de (dé)consommation seront potentiellement perçus comme « radicaux » par leur entourage. La radicalité reste néanmoins une question de point de vue, toute décision qui ne s'insère pas dans un parcours de vie « classique » étant par définition considérée comme radicale. S'il n'existe pas de seuil précis qui permette de différencier un éco-anxieux engagé d'un éco-anxieux passif, c'est que ce seuil dépend de notre référentiel personnel et de celui de notre entourage. Une personne élevée par des parents généralement qualifiés d'« écolos » créera ainsi moins la surprise en décidant d'adopter un mode de vie « zéro déchet » ou de se lancer dans la création d'une exploitation agricole biologique qu'une personne issue d'une famille qui se sentirait éloignée de ces enjeux.

Les quatre profils d'individus éco-anxieux décrits précédemment demeurent bien sûr indicatifs et ne correspondent pas à des entités cliniques ou définitives. Le va-et-vient entre les différents profils est permanent, tant la solastalgie constitue un état dynamique et mouvant. En effet, chaque éco-anxiété est unique et son expression est aussi diverse qu'il existe de sujets concernés. Pour conjurer la crise environnementale, les consciences s'éveillent et les solastalgies s'expriment, chacune à sa manière. D'ici quelques années, l'évolution de notre rapport à l'environnement nous amènera certainement à repenser les paradigmes qui structurent nos sociétés et généralisera potentiellement l'éco-anxiété, laquelle fait encore figure de phénomène émergent d'un point de vue conceptuel, formel et médiatique. Dans un avenir proche, ce ne sera pas tant le nombre de personnes éco-anxieuses qui augmentera, que celui des personnes *conscientes* de leur éco-anxiété.

Échantillon de populations prédisposées à l'éco-anxiété

Le désir des êtres humains de vivre dans un environnement préservé et l'inquiétude engendrée par le changement environnemental global transcendent les professions et les frontières[35]. De nombreux travaux scientifiques ont été diligentés afin de mieux comprendre les effets des changements environnementaux sur les populations. Ces études ont été menées dans plusieurs zones géographiques et auprès de populations très différentes : pêcheurs du Grand Nord canadien[36], mineurs d'Australie[17,37] et des États-Unis[38], agriculteurs australiens victimes de la sécheresse[39] et de la salinité des sols[40], Inuits[41,42], Ghanéens[43], communautés insulaires du détroit de Torrès (zone comprise entre l'Australie et la Nouvelle-Guinée)[44]. Le résultat de ces études, ou plutôt leur dénominateur commun, est la détresse ressentie par ces populations face à la périclitation rapide de leur environnement familier, détresse plurielle, car doublée d'un fort sentiment d'impuissance et de perte de sens.

La solastalgie, protéiforme et universelle, n'est pas uniquement déclenchée par la détérioration d'un environnement immédiat et familier. Elle est commune à chaque individu doté d'une sensibilité aux questions environnementales, dont l'expérience directe de « dodoïsation » d'un cadre aimé peut affecter le sentiment d'identité, puisque la perte des lieux conduit à la perte de sens. Néanmoins, la définition d'une « expérience directe » et d'un « environnement familier » est devenue floue. Avec la globalisation numérique, où les images voyagent à travers le monde en quelques nanosecondes, avec internet et les réseaux sociaux, les informations accablantes quant à l'état du monde s'invitent dans notre salon. Les troupeaux d'ours polaires affamés, efflanqués, qui se meuvent péniblement sur des îlots de pierraille à la recherche d'un gibier à se partager et le bruit strident des dents des tronçonneuses qui déchiquettent l'Amazonie nous traquent sans relâche. La destruction d'un environnement éloigné, d'un « ailleurs » lointain que nous ne connaissons pas de façon empirique et sensorielle, peut désormais nous atteindre, car ces lieux nous sont, paradoxalement, proches et familiers. Une détresse à la fois solitaire et solidaire est ressentie face aux outrages infligés à la Nature. Aucun répit, aucune trêve des confiseurs, aucun réenchantement, fût-il temporaire, ne semble devoir nous être octroyé par la vidéocratie. La solastalgie n'a donc pas attendu d'être nommée et formalisée pour exister. Elle était là, sous nos yeux, taraudant des millions d'individus, sans que ces derniers parviennent toujours à mettre des mots sur leurs maux.

Au départ, cette sensibilité au monde n'était l'apanage que de quelques-uns, populations sentinelles telles que les tribus indigènes et les agriculteurs, qui vivent au rythme des saisons et ont un rapport très fort à la terre, ou encore les militants écologistes, les climatologues et les écologues[45]. Attardons-nous d'ailleurs sur cette configuration où savoir, c'est souffrir.

Le spleen du climatologue

Une population particulièrement exposée aux conséquences psychologiques négatives du réchauffement climatique est celle des scientifiques du climat. S'ils ne subissent pas directement ou à titre personnel les événements climatiques ou les catastrophes naturelles, ils sont néanmoins au contact d'un flux continu d'informations négatives et de modélisations prospectives inquiétantes qui peuvent influencer leur bien-être psychique. Une étude publiée en 2017[46] se focalise sur les conséquences psychologiques de leur travail. Treize climatologues australiens ont été interrogés sur leur perception du changement climatique, leur vision du futur et leur état d'esprit (par exemple « Êtes-vous plutôt quelqu'un d'optimiste ou de pessimiste ? »). L'étude a permis de démontrer que les climatologues se sentent de manière générale plus pessimistes qu'optimistes. Certains d'entre eux affirment même que leur pessimisme et leur désarroi ont progressivement augmenté au cours des dernières années en raison de l'inaction du gouvernement et de l'absence d'appropriation de leurs résultats par le personnel politique et la société civile.

La climatologue française Valérie Masson-Delmotte constate à ce titre qu'elle a « parfois l'impression d'observer une tragédie grecque. Vous savez ce qu'il va se produire et vous voyez les choses se produire ». Ainsi, les violons continuent de jouer pendant le naufrage environnemental et, comme le souligne cette étude, les scientifiques éprouvent les pires difficultés à porter les prévisions alarmantes de leurs travaux dans le débat public. Le statut de lanceur d'alerte est du reste particulièrement ingrat et frustrant, puisque plusieurs des climatologues de l'étude rapportent avoir été victimes d'intimidations, d'insultes, d'e-mails haineux et de menaces de mort. Il est de fait plus aisé de blâmer celui qui annonce une mauvaise nouvelle que le responsable de cette dernière, résurgence de la pratique antique qui revenait à punir le messager porteur d'une nouvelle ayant déplu à son despote.

Mais ce que l'esprit ne veut pas accepter, le corps le vit. Le réchauffement climatique et ses conséquences sont désormais palpables, en témoignent les récentes et fréquentes canicules* que nous avons subies. Celles-ci sont un parfait exemple d'événements météorologiques qui contribuent à accentuer le malaise des personnes solastalgiques ou à déclencher une prise de conscience environnementale pour d'autres. En effet, ces canicules, compte tenu de leur précocité, de leur intensité et de

---

* La canicule est une période durant laquelle les températures du jour et de la nuit atteignent ou dépassent pendant trois jours consécutifs les seuils d'alerte fixés par les départements : de 31 à 36 °C le jour, et de 18 à 24 °C la nuit selon les lieux.

leur durée, sont une conséquence directe du réchauffement climatique causé par l'homme. Cette corrélation entre des événements météorologiques extrêmes et le réchauffement climatique anthropique est désormais possible grâce à la science de l'attribution d'événements extrêmes. Celle-ci permet, grâce à des calculs de corrélations et de probabilités, d'attribuer – ou non – un événement météorologique au réchauffement climatique[47]. Pour ce faire, la fréquence de survenue d'un événement météorologique extrême se voit comparée dans deux systèmes climatiques : le système climat actuel, et un système témoin dont ont été virtuellement retirés les gaz à effet de serre émis depuis le début de la révolution industrielle. Si un événement météorologique extrême survient par exemple tous les vingt ans, alors qu'il se produisait tous les deux cents ans dans le monde témoin dépourvu de gaz à effet de serre anthropiques, il devient raisonnable de penser que le réchauffement climatique accroît la probabilité de survenue de cet événement météorologique.

D'après les données de Météo France, si les émissions de gaz à effet de serre responsables de l'augmentation des températures ne diminuent pas, les canicules pourraient être beaucoup plus intenses et durer cinq fois plus longtemps d'ici la fin du siècle. L'inconfort ressenti, la privation de liberté liée à la nécessité de rester enfermé dans la pénombre tous stores baissés du fait de la chaleur, ainsi que les paysages asséchés et mortifiés qui en résultent, sont de nature à initier ou à accentuer la météo-anxiété et la solastalgie.

Si les climatologues se montrent plus inquiets, ils semblent également mieux préparés à affronter les mauvaises nouvelles pour l'environnement. D'après Susan Clayton, psychologue spécialiste de ces enjeux : « Il semblerait que les climatologues, population fortement exposée au "traumatisme climatique", développent des mécanismes de résilience qu'il pourrait être utile de connaître pour aider des populations plus larges. Parmi les moyens de résilience, le fait d'être informé, préparé et socialement connecté est primordial[48]. » Cette prophylaxie des professionnels du climat serait, à bien des égards, salvatrice pour les personnes solastalgiques.

La solastalgie imprègne désormais un public beaucoup plus large, interpellant jusqu'aux citadins des grandes mégalopoles, pourtant souvent déconnectés de la nature. Ce passage d'un ressenti de niche à une émotion identifiée et largement partagée s'explique par une catastrophe écologique devenue indéniable et par le sentiment d'urgence qui s'exprime de manière croissante. L'éco-anxiété, ce mal enfin identifié à la popularité galopante, se propage sous l'effet de l'horizon temporel qui se raccourcit et de l'imminence des difficultés environnementales annoncées par les prévisions scientifiques. S'il est encore difficile d'estimer précisément le nombre d'individus éco-anxieux en l'absence de grille « diagnostique » validée et d'études épidémiologiques conduites spécifiquement sur la question, plusieurs indicateurs laissent à penser que nous sommes de plus en plus nombreux. En effet, d'après certains sondages, 93 % des Français sont conscients de vivre une période de réchauffement climatique[49], 85 % se sentent inquiets et 29 % très inquiets à cause de ce dernier[50] – pourcentage qui grimpe à 38 % chez les 18-24 ans, suggérant une plus grande prévalence de l'éco-anxiété au sein de cette tranche d'âge. La thématique de l'environnement semble par ailleurs pénétrer les mentalités : le dérèglement climatique est considéré comme le deuxième sujet de préoccupation des Français, après la grande pauvreté et l'exclusion, et devant le terrorisme, le chômage, l'insécurité ou les risques nucléaires. La préoccupation relative à la « disparition d'espèces animales » est en augmentation (+ 9 points entre 2013 et 2019)[51]. Pour la première fois, celle-ci se hisse en deuxième position des préoccupations environnementales des Français, devant la pollution de l'air ou de l'eau.

Ces données ne sont pas spécifiques à la France et traduisent une prise de conscience d'une part croissante de la population occidentale sur ces enjeux. En Belgique, l'environnement reste la principale préoccupation de 81 % des répondants à un sondage, 78 % se disant préoccupés par les changements climatiques et 85 % estimant que le changement climatique est un problème auquel il faut s'atteler de toute urgence[52]. Aux États-Unis, ce sont sept Américains sur dix qui se disent « alarmés » ou « préoccupés » par le réchauffement climatique, soit 16 % de plus qu'en 2013[53].

Certains événements sociétaux constituent des signaux forts qui reflètent l'importance de l'enjeu environnemental pour une frange de plus en plus significative de la population. En témoignent les nombreux participants aux marches ou aux grèves pour le climat qui ont lieu à travers le monde, essentiellement depuis 2018. En attestent également « la vague verte » aux dernières élections européennes et municipales, l'engouement médiatique pour le sujet, les nombreuses initiatives locales et citoyennes sur l'ensemble du territoire, ainsi que l'extension du champ lexical du personnel politique, toutes sensibilités confondues. Leur vocabulaire suit opportunément cette tendance de fond et se teinte de nuances de vert, à des degrés divers, oscillant entre engagement authentique et *greenwashing* primaire.

Si, en Amérique du Nord, en Europe et au Japon, plus de 90 % de la population a conscience du réchauffement climatique et des dangers qu'il représente, dans la majorité des autres pays du monde, plus de la moitié de la population n'est pas – ou peu – au courant de ces enjeux. D'après une étude publiée en 2015 et fondée sur des données de 2008, 40 % de la population mondiale n'a jamais entendu parler du réchauffement climatique[54]. Cette fraction de la population vit essentiellement dans des pays d'Afrique, d'Asie du Sud-Est ou en Inde, pays qui, à l'exception de l'Inde, ne figurent pas parmi les principaux émetteurs de gaz à effet de serre. Les pays dans lesquels la conscience climatique atteint le niveau le plus élevé sont donc aussi ceux qui participent le plus du réchauffement de la planète. Il semble également qu'une éducation préalable sur le thème du réchauffement climatique conditionne directement le degré de conscience et de connaissance dont disposent les populations sur ce sujet fondamental. Ce constat nous rappelle à quel point l'accès à l'information est primordial. L'école reste à ce titre un lieu essentiel pour éveiller la conscience des citoyens de demain sur les enjeux écologiques et climatiques.

Millennials et perméabilité aux enjeux environnementaux

L'école a joué un rôle très important dans la genèse de ma conscience écologique. Je ne suis pas issue d'une famille particulièrement sensibilisée aux enjeux environnementaux, pourtant, aussi loin que je m'en souvienne, la protection de l'environnement et la lutte contre la pollution et le gaspillage m'ont toujours animée. Je me rappelle avec émotion ma chère institutrice de CM2, madame G., qui organisait régulièrement des ateliers nature dans notre classe, sur des thèmes tels que le cycle de l'eau ou l'importance des forêts. Ces activités ont contribué de manière décisive à éveiller ma conscience écologique. Madame

G. essayait, avec la bienveillance qui la caractérisait, de nous rendre acteurs de notre monde, au travers de petits gestes à la portée d'un enfant.

Parmi eux, je me souviens avoir mis, sur ses conseils avisés, une pierre dans notre chasse d'eau afin de gaspiller moins d'eau. Cette astuce repose sur l'observation que le volume occupé par la pierre diminue d'autant la quantité d'eau contenue dans le réservoir, ce qui permet de gâcher moins d'eau à chaque activation de la chasse. Le mode de vie et de consommation de mon enfance n'avait rien d'exemplaire sur un plan écologique, et ce sujet n'était pas une priorité pour ma famille. Mais il en était une pour moi, et il l'est resté.

Désormais, nombreux sont les jeunes en âge d'être scolarisés à se mobiliser pour le climat. L'étude co-conduite par l'Ifop et la Fondation Jean-Jaurès[12], citée précédemment, nous enseigne que les jeunes générations adhèrent plus fortement aux thèses collapsologiques que leurs aînés, et ce, dans chacun des pays où l'étude a été diligentée (Italie, Allemagne, Royaume-Uni et États-Unis), à l'exception notable de la France. Dans notre cher et vieux pays, ce clivage générationnel ne se vérifie pas, toutes les générations, soixante-cinq ans et plus compris, partageant le même diagnostic de la possibilité d'un effondrement. Seule diffère la perception des modalités de l'effondrement selon les générations de Français. Pour les moins de 35 ans, l'effondrement prend l'aspect d'un collapsus environnemental et climatique, quand, pour les personnes plus âgées, il est davantage perçu comme une décadence progressive, étalée à plus long terme. Selon les auteurs, ce décalage générationnel des modalités de l'effondrement, qui s'observe également en Allemagne, découle de la capacité – très variable selon les tranches d'âge – à corréler (ou non) le *way of life* occidental aux maux de la planète. Les jeunes générations se montrent en effet plus à même de remettre en cause nos modes de vie et de consommation que la génération des Trente Glorieuses.

Certaines périodes de la vie s'avèrent plus propices que d'autres à la remise en question. Là où les opinions des générations antérieures sont déjà cristallisées, les enfants et les jeunes scolarisés traversent un processus naturel d'apprentissage quotidien. Leurs opinions sont moins ancrées, moins lestées d'a priori que celles des adultes. Les jeunes générations assimilent plus volontiers les informations disruptives que leurs aînés. Leur plasticité cérébrale et leur capacité à emmagasiner de nouvelles connaissances – qui se diffusent aisément via les réseaux sociaux et internet – les rendent par nature beaucoup plus perméables à certaines informations que leurs aînés. Par définition moins responsables de la situation environnementale que les générations précédentes, il va davantage de soi pour les jeunes générations de remettre en cause un certain mode de vie et de consommation.

Toutefois, bien qu'elles ne soient pas directement responsables de la crise environnementale, elles en sont déjà victimes. D'après Météo France, une personne née après 1988 et qui a donc une trentaine d'années ou moins à ce jour aura connu une majorité d'étés plus chauds que la moyenne des températures estivales enregistrées depuis 1900. Un enfant né en 2015 ou après n'a quant à lui connu que des étés plus chauds que la moyenne des températures estivales enregistrées depuis plus d'un siècle. Il n'est dès lors guère surprenant que, d'après le Centre de recherche pour l'étude et l'observation des conditions de vie (Credoc), l'environnement soit devenu un sujet majeur pour les jeunes adultes (18-30 ans)[55]. Plus spécifiquement, l'environnement se classe en tête de leurs préoccupations (32 %), devant l'immigration (19 %) et le chômage (17 %). Cet indicateur, qui est suivi depuis plus de quarante ans par le Credoc, n'a jamais été aussi élevé. Le réchauffement climatique (41 %) et la disparition d'espèces animales et végétales (39 %) sont les problèmes environnementaux les plus cités. Les jeunes urbains, les diplômés du supérieur et la classe d'âge des 15-17 ans semblent être les plus préoccupés par la dégradation de l'environnement ; 75 % des 15-24 ans estiment quant à eux que les conditions de vie deviendront extrêmement pénibles si rien n'est fait pour limiter le réchauffement climatique.

De jeunes parents à solastalgiques, il n'y a qu'un pas

Un autre moment propice à une remise en question, et qui constitue souvent un point d'entrée dans la solastalgie, est celui de la parentalité. Une fois n'est pas coutume, ici, je ne m'appuierai pas tant sur la littérature scientifique que ne je ferai appel à des expériences empiriques et des échanges que j'ai pu avoir avec des parents ou futurs parents m'ayant contactée pour me faire part de leurs inquiétudes et de leurs questionnements. Ces impressions mériteront dans le futur d'être confirmées par des travaux scientifiques. Il n'en demeure pas moins que vous serez probablement nombreux à vous retrouver dans ces réflexions, tant l'accès à la parentalité constitue un moment charnière dans une vie, que ce soit d'un point de vue émotionnel ou philosophique.

Commençons par rappeler que l'homme est une espèce altriciale. L'altricialité – issue du terme latin *altrix*, la nourrice – signifie que la capacité du nouveau-né à survivre et à se développer est directement conditionnée par les soins post-nataux délivrés par ses parents ou tout individu adulte. En effet, le nouveau-né altricial est immature sur le plan cognitif, émotionnel et moteur, et ne devient pleinement compétent que des années après sa naissance. Il diffère en cela des espèces précociales (comme les bovidés ou les cétacés), qui naissent très développées ; immédiatement après sa naissance, le nouveau-né se comporte de la même manière que les adultes, tant en termes de mobilité que de perception sensorielle ou de capacité à communiquer. De l'altricialité découle un attachement naturel et inconditionnel pour le nouveau-né*, attachement nécessaire à sa survie.

Une nouvelle organisation personnelle et familiale se met donc progressivement en place afin d'assurer son développement et sa sécurité. La période qui suit l'arrivée d'un enfant bouleverse les habitudes du foyer et aboutit naturellement à des questionnements existentiels. Ces derniers ont essentiellement trait aux modes de consommation, à la façon de s'alimenter, à la qualité de l'environnement local que l'on offre à son enfant et à l'état du monde dans lequel il grandira. De notre altricialité ancestrale découle également l'instinct de protection pour sa progéniture. Il importera

---

* Dans certaines situations, cet attachement peut être plus difficile et moins naturel pour le ou les parents (troubles psychologiques ou psychiatriques chez un parent, séparation bébé-parent à la naissance ou prématurité par exemple).

de protéger l'enfant des potentiels dangers extérieurs, notamment environnementaux, ou contre les éventuels contextes de manque ou de pénurie. À cette altricialité que nous partageons avec de nombreuses espèces s'ajoute un phénomène plus profondément humain, intime et personnel : la *matrescence*.

Ce concept, théorisé en 1973 par l'anthropologue Dana Raphael, conjugue deux réalités à première vue antinomiques, la « maternité » et l'« adolescence ». La matrescence fait référence au chamboulement émotionnel, physique et hormonal que traverse la jeune maman avant et après la naissance. Ce chamboulement est notamment médié par l'ocytocyne, ou hormone de l'attachement, qui est sécrétée aux alentours de la naissance et lors du contact corporel avec un nourrisson. La matrescence se décline également dans sa version masculine au travers de la *patrescence*, phénomène cependant moins étudié car moins prégnant, l'essentiel des expériences physiques d'une naissance (grossesse, accouchement et montée de lait) étant vécu par les femmes. Telle une seconde adolescence, la matrescence conduit fréquemment à une désorientation et à une véritable mise sens dessus dessous du ressenti émotionnel de la femme, et de sa perception de sa place dans le monde[56].

Cette transition vers le nouveau rôle de jeune maman relève d'une véritable quête d'identité. Bien qu'elle soit ponctuée de hauts et de bas, la matrescence n'est, elle non plus, pas une maladie. Elle correspond d'abord à des changements physiques et psychologiques majeurs, parmi les plus marquants que connaîtra une femme au cours de son existence[57]. En effet, l'acte de donner la vie ne se résume pas à la naissance d'un bébé, il se traduit également par la naissance d'une mère.

Ce délicat mélange d'altricialité et de matrescence constitue un terrain très fertile pour l'éclosion de l'éco-anxiété en ce qu'il cumule une période de questionnements, une puissance d'amour (maternel et paternel), une volonté de protéger et de se protéger, une plus grande vigilance face aux menaces potentielles, et un nouveau rapport à soi-même, aux autres et au temps. En tant que parent, notre rapport au temps change. Il devient plus intime, plus profond, moins artificiel. Nous ne savons plus nous projeter dans l'avenir autrement qu'avec nos enfants. Cette communauté de destin rend les prévisions des scientifiques du climat beaucoup plus proches et tangibles. Désormais, la vie d'un parent ne s'arrête plus lors de sa propre fin. Elle se poursuit au travers de celle de son enfant, ce qui prolonge l'horizon temporel dans lequel le parent se projette. L'avenir de nos enfants devient également le nôtre. L'arrivée d'un nouveau-né peut ainsi marquer le point d'entrée dans l'éco-anxiété, dont la genèse, le développement et la magnitude dépendront de facteurs précis que nous allons tenter d'appréhender dans les pages qui suivent.

CHAPITRE 3
LES FONDEMENTS INTIMES ET EXOGÈNES DE L'ÉCO-ANXIÉTÉ

> « Ce n'est pas un signe de bonne santé que d'être bien adapté à une société profondément malade. »
> Jiddu Krishnamurti

Alors que nous *sommes* tous concernés par cette nature qui s'en va à vau-l'eau, nous ne sommes qu'une partie à nous *sentir* concernés. Quels leviers et mécanismes psychologiques, tant individuels que collectifs, expliquent l'éco-anxiété ou son absence ? Comment se fait-il que, au regard des conclusions irréfutables de nombreux travaux scientifiques de premier ordre, la routine personnelle et l'insuffisance de mesures holistiques continuent de l'emporter ? Pourquoi suis-je sensible aux enjeux écologiques, quand mon entourage peut s'y montrer indifférent ? Nous le verrons dans ce chapitre, faire reposer l'apparition et l'expression de la solastalgie sur la seule personnalité de l'individu conduirait à omettre un pan significatif de sa genèse, de son développement et de sa persistance. En effet, les processus physiologiques, structurels et collectifs qui la renforcent ne sauraient être négligés. Nous tâcherons ici de les mettre en lumière, afin de mieux les comprendre.

Au fondement de la solastalgie, un attachement primordial à la nature

La solastalgie trouve certainement son origine dans la force des liens qui nous unissent à la nature et qui sont inscrits en nous depuis toujours. En effet, si nous faisons partie de la nature, la nature fait, elle aussi, partie de nous. Faut-il à ce titre rappeler que nous partageons des ancêtres communs avec les grands singes actuels ? Bien que distendu par notre mode de vie hors-sol et urbanisé, cet attachement naturel et instinctif que nous portons au Vivant porte le nom de *biophilie*. Notre biophilie (littéralement, l'amour de la vie) et son pendant, la *topophilie* (amour des lieux), se retrouvent mis à mal dans le monde actuel, où nous sommes nombreux à vivre déconnectés de la nature et à déplorer les assauts constants dont celle-ci est victime. Étant par essence attachés à la nature, il est donc normal de se sentir affectés par les sévices qu'elle subit. Étudiée à l'aune de la biophilie, la solastalgie prend tout son sens. Elle nous permet en effet de comprendre à quel point la solastalgie repose sur un ressenti naturel et physiologique. Nous sommes viscéralement des *Homo sapiens* connectés à la nature avant d'être des *Homo œconomicus* s'imaginant avoir coupé le cordon avec celle-ci.

En ce sens, la solastalgie constitue notre « madeleine », elle est ce réflexe archaïque qui nous rappelle notre extraction naturelle et notre biophilie originelle. Le terme de biophilie a été utilisé pour la première fois par le psychanalyste Erich Fromm[58], qui la décrit comme l'« amour passionné de la vie et de tout ce qui est vivant ». Le biologiste Edward Wilson lui a consacré un ouvrage dans lequel il démontre que notre appétence à rechercher la présence de la nature et des autres êtres vivants est innée[59]. Pour mieux comprendre les conclusions de Fromm et Wilson, revenons à la définition du terme. *Biophilie* provient du latin *bio* qui veut dire « la vie » et du suffixe grec *-philia*, « qui aime ». Au même titre que nous avons des phobies et des aversions, nous ressentons également des *philias*, à savoir des attractions et des émotions positives envers d'autres espèces[60], d'autres habitats ou des objets de notre environnement naturel. Cet amour de la vie fait partie de notre ADN et réside en nous depuis des millénaires. En témoigne la beauté du monde naturel, avec ses paysages, ses couleurs et ses habitants, une beauté universellement appréciée par les êtres humains, comme l'atteste, entre autres, le succès du tourisme de masse.

D'autres preuves empiriques de notre biophilie existent. À commencer par l'utilisation symbolique de la nature dans le langage humain, avec des expressions telles que « fier comme un coq » ou « avoir un cœur de lion », sans oublier les animaux et les plantes à tenir lieu d'emblèmes de différents pays. Rappelons également l'omniprésence du respect spirituel pour les animaux et la nature dans les cultures du monde entier – du totémisme chez les Indiens d'Amérique au respect des vaches sacrées en Inde. Ces cultes de la nature, et les métaphores naturelles répandues dans la plupart des langues, sont enracinés dans notre histoire évolutive et proviennent d'époques où nous vivions en contact beaucoup plus étroit avec la nature. L'univers enfantin – au travers des livres, peluches, jouets –, ainsi que l'appétence spontanée des enfants pour la faune et la flore, représentent les marqueurs de la biophilie initiale qui nous anime.

LES FONDEMENTS INTIMES ET EXOGÈNES DE L'ÉCO-ANXIÉTÉ

Notre attachement pour la nature va de pair avec des craintes (comme les *biophobies*) qui trouvent leur origine dans un monde ancestral, dans lequel nous demeurions constamment vulnérables aux prédateurs, aux plantes toxiques et aux phénomènes naturels tels que les tempêtes et la foudre. Ces peurs millénaires constituent un lien fondamental avec la nature et ont rendu possible notre survie à travers les âges. C'est la raison pour laquelle la peur, bien qu'inconfortable, s'avère, comme le stress, une émotion et une réaction fondamentalement positives : lorsqu'elle ne nous inhibe pas, la peur nous transcende, elle nous aide à prendre des décisions vitales au bon moment. La peur est notre caution, notre assurance-vie. Elle nous permettra, je l'espère, d'actionner holistiquement les bons leviers dans un contexte de *kairos** écologique.

En ce sens, la peur que l'on ressent face aux constats et aux prévisions scientifiques quant à l'avenir de notre planète est fondée et positive. Ne pas avoir peur, c'est, en quelque sort, ne pas avoir compris. Partagée par tous, ou du moins par les dépositaires du pouvoir, elle permettra

---

* Le *kairos* représente le temps de l'action opportune. Il s'agit de « l'instant T », du moment décisif pour agir.

de bousculer les vieux paradigmes qui font tant de mal au Vivant et servira dès lors d'amortisseur à la crise environnementale. C'est aussi la raison pour laquelle, de façon quelque peu ironique, nous passons progressivement de la peur de la nature à la peur de la perdre. Cette inversion ontologique bénéficie largement aux personnes éco-anxieuses, dont les préoccupations et les valeurs se démocratisent.

L'indifférence collective
aux enjeux environnementaux

Cette démocratisation de l'éco-anxiété est inversement proportionnelle à la réponse qui est apportée par les autorités compétentes au défi écologique, ainsi qu'à la mésestimation et à la sous-évaluation du risque. Si les facteurs déclenchants de la solastalgie sont nombreux et variables en fonction des individus, il existe néanmoins un dénominateur commun qui contribue à renforcer quasi systématiquement l'inquiétude des personnes éco-anxieuses : l'indifférence plus ou moins bienveillante d'une majorité de concitoyens pour les enjeux écologiques, et le caractère inébranlable des paradigmes qui régissent notre société, se sont construits sans l'écologie et continuent d'exister sans elle. Quand des considérations comme le pouvoir d'achat, la diminution de la dette souveraine et la croissance du PIB prévalent sur la protection de l'écosphère (faune, flore, mais aussi paysages, forêts, rivières…), que l'on est un consommateur avant d'être un citoyen du monde, on comprend la détresse des éco-anxieux face à l'ampleur de la tâche.

Le sentiment d'avoir raison trop tôt – et tout seul – constitue fréquemment une source de souffrance. Combien de solastalgiques n'ont-ils pas ressenti un décalage avec leur entourage, voire un sentiment d'incompréhension et de solitude ? Que de situations gênantes, voire engendrant un réel malaise, a-t-il fallu vivre à la suite de demandes normales pour nous, mais atypiques pour autrui. Commander une boisson « sans paille » ou un plat végétarien nous fait parfois passer pour des êtres étranges et compliqués, alors que ces démarches n'ont rien d'exceptionnel et vont dans le sens d'une protection de l'environnement. Or l'individu éco-anxieux ne souhaite pas tant changer la société qu'une certaine façon de vivre, consumériste et somptuaire. Mais ce qui est vrai et important pour les personnes solastalgiques ne l'est pas forcément pour les autres. Ce choc des vérités conduit parfois à des fractures ou à des ruptures dans les cercles intimes comme avec la société. En effet, pour nombre de nos concitoyens, la prise de conscience que quelque chose ne va pas, ou n'est pas durable, n'entraîne pas systématiquement une remise en question ou un changement de comportement.

C'est pourquoi deux réalités pourtant indissociables se côtoient, sans véritablement interagir : la réalité de notre quotidien et celle du changement environnemental global. Nous apprenons par exemple que l'hiver 2019-2020 a été le plus chaud jamais enregistré en France[61]. Cependant, au lieu de mettre en place collectivement et à très court terme les solutions qui permettraient d'inverser la tendance de la courbe des températures mondiales, nous continuons à vivre comme si de rien n'était. Ce décalage entre les réalités climatiques et environnementales et l'absence de changement des modes de vie, ce « schisme de réalité[62] », se reflète notamment au niveau politique, où les annonces des sommets internationaux sur le climat, comme les accords de Paris de 2015, ne se déclinent pas en actes sur le terrain. Or, pour respecter le scénario le plus optimiste du GIEC (le RCP 2.6), qui modélise un réchauffement moyen compris entre 0,9 °C et 2,3 °C, il faudrait réduire les émissions de gaz à effet de serre de 40 % à 70 % d'ici trente ans.

LES FONDEMENTS INTIMES ET EXOGÈNES DE L'ÉCO-ANXIÉTÉ

Cet objectif implique *de facto* des changements profonds, qu'ils aient trait à notre alimentation, à la production agricole, de viande ou manufacturière, aux transports, à la production d'énergie ou à l'urbanisme. En un mot, à notre manière d'habiter le monde. Or depuis les accords de Paris, très peu de mesures concrètes ont été prises, alors que 75 % de l'effort à accomplir pour réduire les émissions de gaz à effet de serre a vocation à provenir des entreprises et de l'État, notamment au travers de ses services publics, comme les crèches, les écoles, les hôpitaux ou les administrations[63]. Cette indifférence du pouvoir politique au fait scientifique empêche les populations de comprendre l'imminence et la gravité de la menace climatique et environnementale.

En témoigne la crise sanitaire de la Covid-19, durant laquelle la prise de conscience collective de la menace fut consécutive aux mesures extraordinaires adoptées par le gouvernement – fermeture des frontières et confinement notamment. En l'absence de dispositifs aussi radicaux, le danger lié au virus eût probablement continué à être minoré par les populations. Seul ce réveil brutal et résolu du biopouvoir a permis de mobiliser et d'impliquer les individus dans l'effort sanitaire national. De scindées, les populations se sont retrouvées soudées autour d'un même objectif – survivre – et mues par un même sentiment, la peur de mourir. Cette peur que nous avons collectivement ressentie ne provenait initialement pas – ou peu – de notre inquiétude immédiate vis-à-vis du virus. Nous avons commencé à nous inquiéter une fois la menace jugée suffisamment sérieuse par les autorités au point de perturber l'organisation habituelle de la société et de notre quotidien. Cette mise en abyme de la peur atteste du rôle fondamental de la puissance publique dans la prise de conscience et de l'adhésion du plus grand nombre à un changement de paradigme.

Parvenir à ce changement suppose également de faire évoluer les facteurs de « désirabilité sociale », autrement dit, de redéfinir collectivement ce que nous valorisons, respectons et admirons, qu'il s'agisse des modes, des personnalités inspirantes, de notre manière de consommer ou de « réussir » dans la vie. Ces changements de paradigmes seraient bénéfiques à l'environnement comme aux individus, en ce qu'ils favoriseraient un climat de paix social et environnemental.

Liberté en trompe-l'œil et simili-engagements

Pour l'heure, dans un contexte d'injonctions contradictoires (« Il faut changer, mais rien ne change »), la marge d'action des individus éco-anxieux demeure réduite. Ces injonctions contradictoires renforcent leur sentiment d'être les « prisonniers libres » d'une geôle sans murs. Dans un pays démocratique, chacun est certes libre de ses déplacements, de ses aspirations et de ses opinions. Pour autant, nous restons notamment tributaires de notre environnement, de la qualité de l'air que nous respirons, de l'eau que nous buvons et d'une température extérieure tolérable. Ainsi nous aurions tort de réduire notre liberté à un choix presque illimité de produits de grande consommation, de divertissements et de voyages lointains à bas coût. Notre liberté individuelle, à première vue sans entraves, ne repose-t-elle pas en partie sur une forme de servitude collective et volontaire ? Sur ce que Tocqueville nomme un « despotisme doux », édulcoré et rendu acceptable par les acquis sociétaux et politiques qui protègent normalement l'individu ? Ceux-ci ont généralement tôt fait d'être révoqués au nom d'un cas de force majeure, l'État s'arrogeant alors le monopole de la suspension des libertés, en témoigne la parenthèse infectieuse de la Covid-19, au cours de laquelle les impératifs sanitaires liés au virus ont rapidement pris le pas sur l'exigence de liberté de déplacement ou de rassemblement.

Cet épisode nous rappelle combien la définition de la liberté peut s'avérer fluctuante, contextuelle, fragile et toute *relative*. Relative car, à y regarder de plus près, qu'adviendra-t-il de notre liberté à respirer un air pur, ingérer une nourriture de qualité, avoir accès à la nature et à un environnement agréable ? La liberté majuscule n'est-elle pas d'avoir le choix entre des options attrayantes et saines, et non entre de moindres maux ? Que vaut un choix entre respirer un air pollué aux particules fines et à l'ozone en ville, ou un air pollué aux pesticides à la campagne ?

Cette théorie du « choix social » a été largement développée par Amartya Sen, qui a reçu l'équivalent du prix Nobel d'économie en 1998 pour ses travaux sur l'économie du bien-être et est le père de l'Indice de développement humain[*]. Il développe la notion de « capabilité », sous-tendue par le fait que nos choix sont sensibles au contexte et aux conditions dans lesquels nous les faisons. Si

---

[*] Ou IDH : indice statistique composite utilisé par les Nations unies. Il permet d'évaluer le taux de développement humain des pays du monde en s'appuyant sur trois critères : le produit intérieur brut (PIB) par habitant, l'espérance de vie à la naissance et l'accès à l'éducation. La formule de cet indice a été modifiée en 2010 et l'IDH est devenu l'indice de développement humain ajusté selon les inégalités.

LES FONDEMENTS INTIMES ET EXOGÈNES DE L'ÉCO-ANXIÉTÉ

la personne éco-anxieuse ne demande pas mieux que de vivre dans un environnement de qualité et d'agir afin de le préserver, elle n'a que rarement la « capabilité » d'y parvenir seule.

Le malaise et la solitude du solastalgique proviennent fondamentalement de ce télescopage entre deux modes de fonctionnement : celui des personnes éco-vertueuses qui *habitent* le monde, et les autres qui l'*occupent*. Nous nous trouvons en réalité face à un choix, cornélien pour certains : préserver la planète en changeant nos habitudes de consommation, ou continuer à saccager le monde sauvage pour nous assurer un train de vie identique[64]. « Choisir, c'est renoncer », écrivait Gide. Ce renoncement, une majorité d'entre nous refuse de le faire et préfère « choisir, sans renoncer ». Parmi cette majorité d'individus, nombreux sont celles et ceux qui s'impliquent en faveur de l'environnement, mais dont l'engagement demeure essentiellement verbal ou symbolique. Ce comportement est symptomatique d'une société dans laquelle « le label éthique est partout, l'exigence de se dévouer nulle part[65] ». Si beaucoup se *disent* impliqués, rares sont ceux qui *agissent*. Cette adhésion de principe plutôt qu'en actes conduit à des engagements écologiques intermittents et inefficients. Se dire concerné par l'environnement sans changer ses habitudes de consommation ou d'alimentation ne se traduira par aucun effet positif concret sur la protection de l'environnement et du Vivant.

S'engager, c'est accepter de modifier une fraction de notre mode de vie occidental, c'est faire le choix d'une adhésion en actes plutôt qu'en paroles. L'étude du Credoc[55], citée dans le chapitre précédent, mettait en évidence que les jeunes adultes (18-24 ans) n'ont jamais été aussi inquiets et pénétrés de la cause environnementale que depuis 2019, année durant laquelle ils furent plus d'un sur dix à s'engager dans une association œuvrant pour la protection de l'environnement. Ils ont d'ailleurs largement soutenu le candidat écologiste aux élections européennes puisque, selon des données Ipsos, 25 % des 18-24 ans et 28 % des 25-34 ans avaient alors choisi un bulletin Europe Écologie-Les Verts (EELV). Pour autant, le comportement quotidien des 18-24 ans ne diffère pas, ou peu, de celui de leurs aînés.

Dans les actes, le modèle consumériste n'est pas réellement remis en cause. D'après l'étude du Credoc, les jeunes demeurent en effet des consommateurs friands de shopping régulier, d'équipements high-tech et d'une alimentation peu durable (carnée et hors saison notamment).

LES FONDEMENTS INTIMES ET EXOGÈNES DE L'ÉCO-ANXIÉTÉ

À l'heure du « *flygskam* », terme suédois inventé en 2018 pour désigner la « honte de prendre l'avion », les jeunes adultes français ont encore du mal à faire des compromis vis-à-vis de leur mobilité aérienne : ils étaient 28 % à déclarer avoir pris l'avion deux fois ou plus au cours des douze derniers mois, soit 9 % de plus que la moyenne nationale. D'après le Credoc, les jeunes adultes semblent néanmoins avoir des habitudes plus écologiques que leurs aînés dans deux domaines. D'abord, celui des transports, en ce qu'ils privilégient beaucoup plus facilement la marche, le vélo, les transports en commun et le covoiturage. Ensuite, ils renoncent plus naturellement à acheter leurs biens de consommation neufs, privilégiant des achats d'occasion, des emprunts, voire du troc. Il n'en demeure pas moins que ces alternatives à l'achat se positionnent à ce jour en cumul et non en substitution de l'achat neuf. Force est donc de constater que le compte n'y est pas (encore), et c'est précisément cette « moraline » écologique, omniprésente dans l'ère de la communication, qui renforce le sentiment d'éco-anxiété des personnes qui, elles, agissent dans le silence de leur sincérité.

Pour une personne réellement engagée et agissante, est-il une chose plus irritante que de s'entendre féliciter pour une initiative écologiquement vertueuse, sans que celle-ci provoque un effet d'entraînement ? En effet, combien de fois ai-je accompli ce petit rituel minime et gratuit de décliner l'emballage de ma baguette dans une boulangerie, sans jamais voir ce geste, pourtant commenté positivement, imité ? Finalement, le drame du solastalgique en particulier, et de la planète en général, c'est le désormais fameux « C'est bien ! Tu as raison ! Il faut que l'on s'y mette tous ! » qui n'est jamais suivi d'effets. Ce phénomène ne date pas d'aujourd'hui. « Dieu se rit des hommes qui déplorent les effets dont ils chérissent les causes », remarquait déjà Bossuet. Mieux vaut cependant la bonne volonté restant lettre morte des supporters passifs de la cause environnementale que le technicisme climato-sceptique qui opère dans certains milieux économiques, technologiques ou politiques.

La chimère du technicisme

Les représentants de ces écosystèmes parviennent, avec un certain succès, à instaurer un climat de déni collectif et divisent l'opinion publique sur des sujets qui devraient faire consensus. Ils étayent l'idée reçue selon laquelle tout changement se révèle difficile et onéreux, et contribuent ainsi à favoriser une vision et une action politiques court-termistes. Des travaux scientifiques de premier ordre démontrent pourtant que les coûts engagés dans l'atténuation du réchauffement climatique et la protection de la biodiversité contribueront, à terme, à réaliser des économies considérables[66,67]. Malgré la réalité des faits et des données, des trublions prospèrent dans l'opinion, se démultiplient sur les plateaux de télévision et partagent avec qui veut l'entendre la même foi quasi mystique en un idéal techniciste.

Le technicisme est un courant de pensée très en vogue, qui fait florès outre-Atlantique. Cette foi immodérée en la technique est présentée comme la réponse à tous les défis, qu'ils soient d'ordre sanitaire, cognitif, climatique ou environnemental. La géo-ingénierie, qui regroupe les techniques visant à modifier les paramètres du système terre – comme le climat – constitue l'un des volets concrets du technicisme. Or, dès 1957, certains scientifiques nous ont mis en garde sur les conséquences d'une « expérience géophysique à grande échelle d'un genre qui n'aurait pas pu être produit par le passé et qui ne pourra pas être reproduit dans le futur[68] ».

Lorsque j'écoute les hérauts du technicisme évoquer leur confiance en l'avenir et en l'avènement d'un homme augmenté et éternel, au lieu de me rassurer, ces apprentis sorciers m'inquiètent et me laissent songeuse. Songeuse face à l'hubris technologique de ces grands enfants richissimes et prométhéens de la Silicon Valley qui s'imaginent pouvoir résoudre les problèmes du monde en quelques clics, comme on créerait un réseau social, un moteur de recherche, un site internet à forte audience ou une entreprise de voitures électriques.

Ce « solutionnisme », pour reprendre le néologisme du chercheur américain Evgeny Morozov, à savoir cette croyance en une technologie à même d'apporter une solution aux plus grands défis de notre temps, ne fait évidemment pas le poids face aux enjeux environnementaux. Lesquels réclament des efforts d'atténuation des émissions de gaz à effet de serre de long terme, des investissements massifs, une réelle vision politique et un engagement concerté et durable, tant des gouvernements que des populations. L'un des effets secondaires du technicisme, en plus de créer des attentes souvent déçues, est de repousser à plus tard lesdits efforts en servant de caution à l'inaction. Autrement dit, si la science et la technologie résoudront, à terme, le réchauffement climatique et la pollution des océans, pourquoi lutter activement contre ces phénomènes aujourd'hui, *a fortiori* si d'autres s'en chargeront demain ? Georges Clemenceau s'exclama un jour : « La guerre ! C'est une chose trop grave pour la confier à des militaires » ; je me surprends parfois à penser que la protection de l'environnement est quant à elle une chose trop grave pour la confier à certains influenceurs ou décideurs politiques, médiatiques, économiques ou industriels. Ces derniers, si volontaristes et sincères soient-ils, restent bien trop souvent prisonniers des appareils, de leur calendrier électoral, des scores d'audimat, des impératifs de rentabilité à court terme et des priorités de leurs actionnaires.

De façon plus préoccupante, une partie du personnel politique demeure à la portée immédiate des lobbies[69]. Des lobbies hors-sol, qui ne sont plus à une prouesse sémantique près, et dont la fonction principale est de minorer le danger, de mettre les peurs en sourdine, et parfois de fabriquer des *fake news* avec un « effet de réel » suffisant pour les rendre crédibles et acceptables par les preneurs de décisions. Un exemple symptomatique de l'extraordinaire travail de « *rebranding* » opéré progressivement par ces experts du langage est le fait qu'aux États-Unis l'on parle désormais plus spontanément de changement climatique (« *climate change* ») que de réchauffement climatique (« *global warming* »), une variation subtile qui laisse – et c'est là que réside la vraie prouesse sémantique – une petite chance au doute et à l'ambiguïté de s'installer (un changement est-il forcément négatif ?). Une ambiguïté qui n'aurait pas lieu d'être si les populations et les décideurs politiques et économiques écoutaient moins les « conseillers en affaires publiques » que les véritables experts du climat et de l'environnement. Je fais bien sûr référence au GIEC, dont la qualité des travaux et la légitimité des membres ne se démentent pas depuis sa création en 1988. Une chose est néanmoins certaine : cette chimère techniciste nous fait perdre un temps précieux et ne contribue pas à l'effort collectif nécessaire pour changer le cap du navire et éviter le naufrage.

LES FONDEMENTS INTIMES ET EXOGÈNES DE L'ÉCO-ANXIÉTÉ

Les ressorts de la cécité volontaire au niveau individuel

Or, ce navire, comme les individus éco-anxieux aimeraient en prendre la barre pour en dévier la trajectoire ! L'inflexion de cette dernière passera pourtant par un engagement collectif, lequel se fait attendre. Bien qu'une majorité de Français se disent inquiets du réchauffement climatique et de ses conséquences, cette inquiétude ne se traduit pas de façon concrète au quotidien. Ce paradoxe s'explique notamment par des stratégies psychologiques que nous mettons en œuvre pour nous protéger des informations responsables d'émotions inconfortables[70]. Ces mécanismes barrières sous-tendent un réflexe que nous qualifierons symboliquement de « syndrome de l'autruche[71] ». Utile à l'équilibre mental, ce syndrome présente néanmoins le risque d'inhiber toute forme de remise en question lorsqu'il s'avère trop marqué.

Le flux de nouvelles environnementales alarmantes, nous l'entendons désormais sans l'écouter, comme si les données inquiétantes et dérangeantes ne nous concernaient finalement pas. À peine énoncé, le fait scientifique est immédiatement marginalisé. Au mieux, il se verra débattu, soumis à l'opinion de quelques-uns, qui auront tôt fait de l'invalider ou de le minimiser à défaut de vouloir le comprendre et le retranscrire. En effet, en matière environnementale, la loi dite du « kilomètre sentimental » joue à plein. Ce principe nous rappelle que l'attention que nous prêtons à un événement est inversement proportionnelle à la distance spatiale et temporelle à laquelle il se produit. En d'autres termes, plus un événement est proche, plus nous y sommes attentifs et sensibles. S'il se produit loin de nous, géographiquement ou temporellement, nous y prêtons beaucoup moins attention. Par un mécanisme similaire, nous mettons à distance les causes et les conséquences du changement environnemental global. Seule une confrontation directe avec l'enfer climatique et sanitaire semble en mesure de nous interpeller.

Imaginons à ce titre que l'épidémie de coronavirus fût circonscrite au Wuhan. Y aurions-nous consacré plus d'un entrefilet dans nos quotidiens ? L'intensité de la crise de la Covid s'est vue considérablement augmentée par son irruption dans notre pré carré. La pandémie eût été plus létale mais lointaine, son impact sur nos consciences s'en serait retrouvé largement amoindri, voire méconnu. Dans notre société caractérisée par son aversion au risque et à la mort, la survenue du coronavirus laissera certainement des traces durables. Parmi elles, une redéfinition profonde de notre rapport à autrui, au corps, au travail, à l'habitat et à la mobilité. Plus spécifiquement, pour ne prendre qu'une poignée d'exemples emblématiques de la crise, la distanciation physique, les gestes barrières, l'exode urbain et le télétravail ont potentiellement vocation à se pérenniser et à transformer radicalement des pans entiers de notre existence. Il est quelque peu surprenant, pour ne pas dire regrettable, qu'il faille être confronté à un défi, aujourd'hui sanitaire et demain environnemental, pour entreprendre des actions résolues et une mobilisation totale des forces vives du pays. Cette inaptitude forcenée à l'anticipation et à la prévention des risques constitue le nœud gordien des crises globales qui poignent à l'horizon. Des crises que l'on choisit bien fréquemment d'occulter par différents biais cognitifs.

Parmi eux, des mécanismes d'« inattention sélective » sont utilisés afin de se protéger de l'anxiété, de la culpabilité, ou de toute autre menace pour le bien-être psychologique. Contrôler l'exposition aux informations inquiétantes, notamment en les mettant à distance, ou éviter de penser à l'avenir sont les stratégies les plus fréquentes. Ces mécanismes d'inattention sélective sont d'autant plus mobilisés qu'ils confortent naturellement notre *biais d'optimisme*, tendance naturelle à nous attendre à la survenue de bonnes nouvelles plutôt qu'à celle de mauvaises[72]. Ce biais cognitif nous incite à nous imaginer moins exposés à un événement négatif que ne le sont nos congénères, et il peut nous empêcher de prendre des mesures préventives pour demeurer en bonne santé, comme tenter d'arrêter de fumer par exemple. Lorsque les motifs qui sous-tendent ce biais d'optimisme sont erronés ou entraînent un risque pour l'individu, on parle alors d'*optimisme irréaliste*[73].

À ces différents mécanismes psychologiques de protection s'ajoute celui de la « désensibilisation ». Ce phénomène physiologique et inconscient se traduit par une diminution progressive des réponses émotionnelles et comportementales survenant habituellement face à une expérience difficile ou un stimulus désagréable. Ce mécanisme protecteur se déclenche notamment à la suite de visionnages répétés de scènes de violence, dans la vie réelle, les médias ou les jeux vidéo[74]. Les individus surexposés à ce genre de scènes semblent s'y habituer progressivement et manifester moins de peur, de dégoût ou de gêne à leur vue. De la même manière que la violence entre humains finit par se traduire par une forme

LES FONDEMENTS INTIMES ET EXOGÈNES DE L'ÉCO-ANXIÉTÉ

de désensibilisation, la violence à l'encontre de la nature ou la réception routinière de mauvaises nouvelles relatives à l'environnement suivent le même chemin, celui de l'indifférence et de l'habituation au pire. Désensibilisation, répétition, habituation : ces mots partagent les mêmes ressorts et un effet similaire sur l'environnement ; sa déprédation dans la plus parfaite indifférence de la majorité d'entre nous.

En effet, nous banalisons collectivement des atteintes graves à la Nature et aux êtres vivants. Cette anesthésie émotionnelle collective est bien décrite dans le milieu soignant et médico-social. Les professionnels tentent parfois de faire abstraction de la souffrance d'autrui et se construisent une carapace émotionnelle. Celle-ci leur permet de poursuivre leur travail sans être trop affectés par la peine et la détresse qu'ils côtoient au quotidien. Il est probable que nombre d'entre nous fassent preuve, volontairement ou non, de cette « cécité empathique transitoire[75] » afin de continuer à vivre *presque* normalement et de se protéger de toute mauvaise conscience.

Cette anesthésie est renforcée par la dilution de notre responsabilité individuelle. Dit autrement, nous sommes tous un peu responsables de la catastrophe écologique en cours, sans en être les seuls coupables. Dans ces conditions, il devient plus facile de se trouver des excuses et de se dire « puisque les autres ne font et ne changent rien, pourquoi devrais-je agir ou changer ? ». Cette « responsabilité diluée » contribue à l'apathie et au déni dont beaucoup font preuve collectivement[76].

Il existe différents types de déni. Le premier est le déni dit « simple », qui consiste à rejeter en bloc les faits jugés non satisfaisants. Ce rejet de la réalité est par exemple utilisé par les climato-sceptiques comme Donald Trump. D'autres font appel à une deuxième forme, plus subtile, de déni, qui se caractérise par une minimisation des faits : les informations sont acceptées, mais leur sérieux ou leur gravité sont niés. La troisième forme du déni est la projection : les faits et leur sérieux sont acceptés, mais toute responsabilité de l'individu est déclinée. En revanche, comme il faut bien trouver un responsable, un « fusible » est désigné et blâmé en lieu et place des véritables coupables. Ces différentes catégories d'individus enfermés dans le déni ont néanmoins un point commun : leur décalage majeur avec un enjeu sociétal et scientifique fondamental, à savoir les causes et les conséquences du changement environnemental global.

LES FONDEMENTS INTIMES ET EXOGÈNES DE L'ÉCO-ANXIÉTÉ

Le trouble du déficit de nature

Leur déni, parfois mâtiné d'une croyance aveugle en la technologie et d'un mépris pour la nature, pourrait pour certains en partie s'expliquer par l'existence d'une affection de plus en plus documentée : le « *nature-deficit disorder* », ou « trouble du déficit de nature ». Ce syndrome, qui ne constitue pas une entité clinique ou une maladie, a été initialement étudié aux États-Unis au milieu des années 2000[77]. Il traduit le constat simple que nous avons de moins en moins de contact direct avec la nature et que nous élevons la génération d'enfants la plus coupée des environnements naturels que l'humanité ait connue[78]. Or cette carence en nature n'est pas sans conséquences pour notre santé physique et mentale. Elle favorise le développement de pathologies en lien avec la sédentarité et le manque d'activité physique telles que l'obésité, l'hypertension, le diabète et les problèmes liés au cholestérol, voire la dépression[79]. Ce désengagement rapide d'avec notre environnement extérieur et cette « extinction d'expérience de nature[80] » ont également des implications graves pour la santé de la Terre. En effet, on ne souhaite protéger que ce que l'on chérit. Le fait de ne plus côtoyer la nature et de ne plus la connaître aboutit à un moindre respect à son égard et à un plus faible attachement pour elle[81]. Cet amoindrissement de notre désir d'interagir avec le monde sauvage est un facteur important de la destruction de l'environnement et de la « dodoïsation » rapide des espèces vivantes[82].

Le peu de temps passé dans la nature se traduit par de l'indifférence, voire du mépris pour les plantes, les animaux et les zones sauvages, ce qui conduit à une dégradation accélérée de ces écosystèmes. Pourtant, outre la beauté qu'elle confère au monde, la nature et son contact ont de nombreux avantages pour notre santé et notre bien-être[83]. Ils favorisent les émotions positives, le lien social, un air de meilleure qualité, une température plus fraîche – bien utile en cas de canicule. Côtoyer la nature réduit par ailleurs la survenue des maladies cardio-vasculaires, respiratoires et psychiatriques[84]. La pratique du sport en plein air a également un impact positif sur notre bien-être[85] et sur celui des enfants, notamment s'ils sont impulsifs ou atteints du controversé et souvent sur-diagnostiqué[86] trouble de déficit de l'attention, avec ou sans hyperactivité[87].

Malgré ces bienfaits, nous passons en moyenne 85 % de notre temps en intérieur[88] et nos enfants sont de plus en plus enfermés. D'après une étude de 2015, quatre enfants sur dix ne jouent jamais dehors durant la semaine, ce qui favorise le surpoids, l'obésité et le temps passé devant les écrans[89]. L'extérieur, perçu comme sale ou inhospitalier, et l'urbanisation galopante de nos environnements rendent l'accès aux espaces naturels de plus en plus difficile. L'omniprésence des écrans dans notre quotidien transforme quant à elle notre planète en paradis artificiel et numérique. Selon le CSA, un foyer français dispose en moyenne de 5,6 écrans permettant de regarder de la vidéo[90], sans compter les écrans désormais présents à l'extérieur, tels que les panneaux publicitaires dans la rue, la télévision chez le coiffeur, les écrans dans le train, le métro et les écoles. À ce rythme, les écrans seront-ils bientôt plus nombreux que les arbres, notamment en ville ?

Cette faible présence de la nature dans les agglomérations contribue au stress urbain subi par les citadins, lui-même exacerbé par le bruit des villes, la pollution de l'air et la surdensité de population. Vivre en ville semble du reste se traduire par un impact neurobiologique sur les habitants. Preuve en est une expérimentation[91] qui a soumis des citadins et des ruraux à une pression sociale identique : tout en réalisant des tests arithmétiques, ils recevaient des commentaires négatifs au travers d'un casque, leur précisant qu'ils mettaient plus de temps à résoudre les tests que les autres participants, et leur suggérant de manière pressante d'accélérer la cadence. Il s'est avéré que, similairement soumis à ces facteurs de stress, les citadins activaient plus fortement que les ruraux certaines zones de leur cerveau – le cortex cingulaire et l'amygdale – dont dépendent les émotions et l'empathie. Cette empreinte cérébrale traduirait une vulnérabilité au stress différente selon le lieu de vie.

Le fait de vivre en ville représenterait également un facteur de risque dans la survenue de l'anxiété et de certaines maladies mentales comme la schizophrénie ou la dépression[92]. Ces constats nous démontrent l'importance de la nature dans notre bien-être. Vivre à proximité de cette dernière et la côtoyer régulièrement semble de surcroît favoriser des comportements pro-environnementaux[93]. Plusieurs facteurs conditionnent ces comportements bénéfiques à l'environnement, qu'un panel de plus de mille médecins, chercheurs et experts s'efforce de faire évoluer en militant pour la création d'un Groupe international pour l'évolution du comportement (Gieco ou IPBC, International Panel of Behavior Change). Cet organisme constituerait l'équivalent du GIEC, mais se focaliserait notamment sur les leviers à actionner pour que les populations adoptent des comportements plus éco-vertueux, en sus de véritables réglementations favorables à la nature.

Les forces d'inertie

Adopter des comportements écologiquement vertueux nécessite de passer d'une intention de changement à un changement de comportement effectif. Différentes théories existent pour modéliser ce moment de transition, ce *kairos* comportemental. Parmi elles, la « théorie du comportement planifié[94] » présuppose que trois composantes entrent en jeu lors d'un changement de comportement : nos attitudes et nos perceptions personnelles d'une situation (par exemple : je vois des avantages à réduire mon empreinte carbone*), les normes sociales (les personnes qui comptent pour moi tentent de réduire leur empreinte carbone) et le contrôle perçu (il me semble faisable de réduire mon empreinte carbone). Une fois ces trois voyants passés au vert, l'individu formalise une intention de changement (j'ai envie de réduire mon empreinte carbone) permettant d'initier un nouveau comportement.

---

* L'empreinte carbone fait référence à l'émission de gaz à effet de serre que l'on peut imputer à un choix ou à un comportement.

Les comportements pro-environnementaux semblent concerner majoritairement les femmes[95]. Cette différence entre sexes pourrait notamment s'expliquer par la répartition genrée des rôles sociaux, et ce dès le plus jeune âge. Les femmes sont généralement, dès l'enfance, encouragées à s'occuper d'autrui et à prendre soin de leur environnement. Leurs émotions semblent également davantage respectées et acceptées. Les hommes, et les petits garçons avant eux, peuvent être moins sujets à l'empathie de la part de certains adultes et se voient souvent autorisés à plus d'égoïsme. Les comportements pro-environnementaux sont aussi dépendants des normes de la société dans laquelle l'individu évolue. Ces normes sociales ont des vertus, puisqu'elles permettent une stabilité et une cohésion de la société. Mais elles s'avèrent problématiques dans un contexte de péril environnemental global, en ce qu'elles sous-tendent la résistance au changement. Cette force d'inertie multifactorielle (inertie des populations, des États, des structures économiques et des technologies) n'est pas un phénomène nouveau et a déjà été cartographiée à différents niveaux.

En témoignent les travaux de Kari Marie Norgaard, professeure associée de sociologie à l'université de l'Oregon (États-Unis), qui a enquêté sur l'absence de réaction des sociétés occidentales face aux conséquences du réchauffement climatique[96]. Elle a ainsi mené des entretiens dans une communauté rurale de l'ouest de la Norvège au cours de l'hiver 2000-2001, période durant laquelle les premières chutes de neige sont arrivées deux mois plus tard que d'habitude. Du fait de conditions exceptionnellement chaudes, plusieurs secteurs dépendant des conditions climatiques ont accusé le coup, notamment les stations de ski locales, qui durent investir considérablement dans la fabrication de neige artificielle. Les médias locaux et nationaux ont tout de suite fait le lien entre cet hiver chaud et le réchauffement de la planète. Bien que l'opinion publique ait d'emblée adhéré à cette hypothèse, les habitants n'ont pour autant pas exercé de pressions sur leur personnel politique ni réduit leur propre utilisation de combustibles fossiles. Pourtant, les informations sur la science du climat sont connues et facilement accessibles en Norvège, ce qui rend caduc l'argument classique du déficit d'information pour expliquer l'indifférence de l'opinion à cet enjeu. Norgaard a donc cherché à comprendre cette forme de déni collectif, implicite et socialement organisé. Pourquoi les données climatiques sont-elles à ce point déconnectées de la vie politique, sociale et privée ? Les entretiens effectués par la sociologue révèlent que les données scientifiques sont trop abstraites pour de nombreuses personnes et que le problème du réchauffement climatique semble tellement insurmontable qu'il entraîne une forme d'engourdissement psychique. Ce dernier conduit à une apathie et à une dénégation collectives, qui constituent un élément emblématique de la réaction de déni de nombreux citoyens des pays industrialisés face au réchauffement de la planète.

Cette organisation sociale du déni est également entretenue à travers des normes conversationnelles et émotionnelles. Autrement dit, en réponse aux sentiments de peur et d'impuissance, la norme sociale est d'être optimiste, de garder le contrôle, de ne pas parler de ses inquiétudes et de ses angoisses, au risque de passer pour déprimé ou bizarre. Nombreux sont donc ceux à s'imposer une autocensure émotionnelle afin de ne pas se voir stigmatisés ou rejetés par le groupe. Ce « silence socialement construit[97] » est pourtant dangereux, car il annihile progressivement toute forme d'esprit critique et de débats contradictoires. L'individu est du reste un « coopérateur conditionnel[98] ». Cette expression signifie que nous acceptons plus facilement de faire un effort si les autres le font aussi, en l'occurrence si l'effort est partagé par l'ensemble de la communauté. Or, dans nos sociétés où les comportements éco-vertueux ne sont ni encouragés ni reconnus à leur juste valeur, il peut s'avérer difficile de passer du déni à l'action, *a fortiori* en étant le premier.

Le panurgisme a la vie dure, comme l'atteste notre tendance naturelle à calquer notre comportement et nos habitudes sur ceux des individus qui nous entourent, fussent-ils de parfaits inconnus. Ce mimétisme comportemental survient notamment dans le contexte d'une situation d'urgence ou de détresse d'autrui. Il conditionne en grande partie le degré d'altruisme que nous manifesterons en pareille circonstance. Le mimétisme comportemental en situation de détresse de nos semblables porte le nom d'« effet témoin » ou d'« effet spectateur ». Cet effet se traduit par le fait qu'une personne qui a besoin d'être secourue, par exemple une « victime » confrontée à un événement grave, aura davantage de chances d'être assistée ou secourue si elle est entourée non pas de plusieurs personnes, mais d'une seule. Ce constat s'avère contre-intuitif, mais est bien réel et corroboré par des études scientifiques[99].

Ces dernières ont également mis en évidence la variété des réactions face au danger quand l'individu est alternativement seul ou en présence d'autres personnes. Deux psychologues américains ont ainsi mis en lumière un effet « auto-spectateur[100] » lors d'une expérimentation menée à la fin des années 1960. Au cours de cette dernière, le sujet testé, assis dans une salle d'attente, se voyait confronté à une situation inhabituelle et potentiellement dangereuse pour sa survie, en l'occurrence un afflux de fumée qui commençait à se répandre dans la salle d'attente au travers d'une bouche d'aération. En règle générale, le sujet testé seul se comportait de façon raisonnable en pareille circonstance. Peu de temps après l'apparition de la fumée, et sans manifester le moindre signe de panique, il se levait de sa chaise pour comprendre l'origine de la fumée et finissait par sortir calmement de la salle pour signaler la présence de fumée à un interlocuteur, dans un délai maximal de deux minutes après l'apparition de celle-ci. Si la présence de fumée était signalée par 75 % des sujets présents seuls dans la pièce, ce pourcentage chutait à 38 % lorsque trois personnes se trouvaient réunies dans la même pièce, et à un famélique 10 % pour les sujets en présence de figurants passifs dont le rôle consistait à ne manifester aucun signe d'inquiétude ou de prise en compte de la fumée. Cette expérience suggère que l'interprétation d'une situation ambiguë est fortement biaisée par la présence d'autrui, et que la passivité du groupe diminue la capacité de jugement du sujet isolé en court-circuitant son instinct de survie. Ce consensus implicite qu'« il n'y a pas de problème », doublé d'une inaction collective, affecte la perception intime de chaque individu, inhibe sa capacité de réaction et le pousse à conclure à l'innocuité d'une situation qui présente pourtant un risque évident pour sa survie. Sur cette base, je vous invite à imaginer que cette pièce ne fût plus occupée par une ou trois personnes, mais par plus de sept milliards d'individus, et vous prendrez la mesure de l'effet kafkaïen exercé par la psychologie des foules sur les comportements individuels en matière environnementale.

L'irresponsabilité environnementale n'est pas une fatalité

Pour autant, nos comportements individuels ne sont pas intangibles. Leur évolution est possible et suppose de réaliser une déprogrammation de nombre de nos habitudes[101]. Celles-ci, inconscientes pour la plupart, ne nécessitent pas, par définition, une grande concentration et seraient à l'origine de près de 40 % de nos actions quotidiennes[102]. Les habitudes diffèrent des décisions en ce qu'elles constituent des routines profondément ancrées sur le plan neurologique et ne nous demandent pas d'efforts particuliers durant leur exécution. La répétition d'une tâche se traduit par des connexions entre les neurones et le renforcement de certains circuits synaptiques[103]. Si l'on ne peut supprimer une habitude, car les connexions cérébrales demeurent, il est néanmoins possible de substituer une habitude à une autre. Cette substitution est rendue possible par la mise en place de nouvelles connexions synaptiques qui prendront progressivement le pas sur les précédentes et conduiront à un nouveau comportement.

Notre cerveau est capable d'une telle évolution, en partie grâce à l'existence de ce que les neuroscientifiques appellent des neurones-miroirs[104]. Cette catégorie de neurones nous permet de comprendre les motivations, les décisions et les actions d'autrui, fussent-elles différentes des nôtres. C'est également grâce aux neurones-miroirs que nous apprenons de nouvelles compétences, par mimétisme comportemental ou par imitation. Notre niveau d'empathie dépendrait également étroitement de leur présence.

Déprogrammer certaines habitudes requiert néanmoins un effort et implique de ne pas obtenir une satisfaction immédiate. Or nous avons naturellement tendance à privilégier un avantage immédiat à un avantage plus tardif[105]. Le fait de privilégier une satisfaction ici et maintenant à une satisfaction différée, fût-elle plus gratifiante, porte le nom de « dévalorisation temporelle ». Il faut toutefois nuancer ce mécanisme, car, en fonction de notre niveau d'éducation et de la teneur de la récompense à venir,

LES FONDEMENTS INTIMES ET EXOGÈNES DE L'ÉCO-ANXIÉTÉ

les individus peuvent faire montre de patience. Au nom d'un bénéfice significatif à plus long terme, il nous est possible de concéder un sacrifice immédiat. Cette disposition à attendre de manière stratégique se nomme la « gratification différée[106] ». Elle traduit plus spécifiquement notre capacité à nous projeter dans l'avenir et à prendre des décisions potentiellement insatisfaisantes dans l'immédiat, au bénéfice de perspectives plus attrayantes dans le futur. Là encore, la nuance est de mise, car réduire la prise de décision à des éléments purement rationnels et intellectuels constitue un raccourci par trop inexact et commode, tant les émotions jouent un rôle majeur dans la prise de décision[107].

À ce titre, une étude de 2006[108] a mis en évidence que l'amygdale et le cortex cingulaire antérieur, régions du cerveau impliquées dans les réactions émotionnelles, s'activent lors de la prise de décision. Cette intelligence émotionnelle conjuguée à une réelle pensée stratégique incarne les deux piliers complémentaires sur lesquels il convient d'édifier la sensibilisation aux enjeux environnementaux. Le récit sur le caractère inestimable du Vivant pour parler au cœur et engendrer l'émotion ; le fait scientifique pour rappeler l'importance de savoir renoncer à quelques agréments maintenant afin de ne pas obérer l'avenir. En effet, pour convaincre de l'importance de préserver l'environnement et le Vivant, le fait scientifique sur les enjeux environnementaux est nécessaire, mais non suffisant. Une sensibilisation bienveillante sait parler au cœur comme au cortex, se conjugue au présent aussi bien qu'au futur, et apparie émotions et raison. Ainsi le récit écologique saura-t-il interpeller le plus grand nombre de personnes.

« Science sans conscience n'est que ruine de l'âme »

Et si, en tant que scientifiques, nous nous autorisions justement à exprimer nos peurs et nos émotions ? Nous l'aurons compris, l'éco-anxiété est une réaction physiologique saine, légitime et, nous allons le voir, qui peut être constructive. La solastalgie, et les émotions qu'elle engendre, sont donc de nature à accréditer la parole scientifique.

Je viens d'un domaine où la connaissance est reine, l'impassibilité est loi, et où l'affect n'a que peu de place. La pratique scientifique ne tolère pas les émotions et tout chercheur ou médecin qui se hasarderait à partager son point de vue personnel ou intime sur les données dont il dispose s'exposerait à la réprobation de ses confrères. La culture scientifique est en effet dominée par une forme de rationalité désincarnée, froide et austère, dans laquelle l'émotion se trouve profondément enfouie sous plusieurs strates de fausse indifférence. À l'instar de Fénelon qui « n'est d'aucun temps ni d'aucun pays », le scientifique ne saurait exprimer le moindre parti pris, la moindre perception intime ou le moindre ressenti.

Or être ému, se sentir concerné ou inquiet par ses résultats de recherche, n'implique pas une irrationalité ou une moindre qualité des analyses. La rationalité et la rigueur peuvent en effet s'accompagner d'émotion sans amoindrir la fiabilité des conclusions. Entendre un climatologue parler de son inquiétude et de l'angoisse qu'il ressent pour l'avenir de ses enfants n'enlève rien à la qualité et à l'exactitude de son propos. Là où les prévisions scientifiques et les chiffres sont abstraits, lointains et peu parlants pour la majorité d'entre nous, les émotions sont universelles, touchent notre humanité et peuvent fédérer autour d'elles. Des parents ou des futurs parents responsables de la protection de leur descendance seront certainement plus interpellés par un scientifique qui partage son inquiétude de père ou de mère que par les données brutes d'un supercalculateur.

C'est la raison pour laquelle il me paraît essentiel de réhabiliter les émotions en sciences, afin d'incarner les données scientifiques et de leur donner un sens. Lorsque je prends la parole devant un auditoire, qu'il soit composé de scientifiques, de médecins ou du grand public, je n'aime pas me fabriquer une posture artificielle, mélange de froideur et de distance, *a fortiori* pour présenter les effets sanitaires graves du réchauffement climatique, de la pollution atmosphérique ou des perturbateurs endocriniens. Faire preuve d'une « cécité empathique transitoire » peut s'avérer nécessaire, voire salvateur pour le soignant ou le patient. Aussi faudrait-il que cette cécité empathique restât transitoire, et non pas permanente, dans la narration scientifique. Si je partage mes interrogations personnelles avec mon auditoire, je ne perds rien en crédibilité ou en objectivité, bien au contraire. Mes interlocuteurs se montrent généralement plus attentifs, car ils se savent compris et écoutés, et non pas instruits de manière distanciée depuis le haut d'une estrade.

L'un des premiers à assumer d'« émotionnaliser » la science est Aurélien Barrau, astrophysicien engagé, qui dévoile son humanité et parle sans complexe de la tristesse, de la colère et de l'inquiétude qu'il ressent face aux dérèglements de l'environnement et des écosystèmes[109]. Bien lui en a pris, comme en témoignent la portée, la popularité et le crédit de sa parole dans l'opinion et les médias. L'expression des émotions en science serait-elle l'inconnue qui manquait à l'équation pour provoquer un déclic environnemental dans l'opinion et rallier tous les publics, à commencer par les personnes éco-anxieuses ? Exprimer des émotions et humaniser la science joue en effet un rôle-clé dans les processus d'adhésion aux explications scientifiques[110].

Interrompre le Requiem pour la nature

À ce titre, un de mes souvenirs reflète une réalité emblématique de la solastalgie, que nous avons définie plus tôt comme ce « pays qui nous quitte », celui d'une rencontre avec un vieil agriculteur lorrain qui me fit part un jour de sa tristesse de ne plus entendre l'orchestre des animaux jouer dans sa campagne. La symphonie naturelle qui l'avait accompagné durant toute son enfance et sa jeunesse, il l'avait progressivement entendue décliner puis s'éteindre[*]. Or les sons constituent l'essence même de tous les paysages. Les oiseaux qui chantent, les insectes qui stridulent, l'eau qui glisse sur les pierres et le vent qui bruit entre les feuilles des arbres produisent une musique naturelle unique.

Les sons sont une propriété consubstantielle à la vie et à la nature, et les animaux dépendent profondément de leur environnement auditif pour vivre. De plus en plus de chercheurs et d'éco-acousticiens s'intéressent à la richesse des paysages sonores et se consacrent à l'étude musicale de la nature. L'un d'eux, Bernie Krause, musicien et naturaliste, fait figure de pionnier et compte parmi les plus grands spécialistes mondiaux du son naturel. Il fait partie de ces amoureux du vivant qui enregistrent le riche chœur de la nature pour mieux appréhender les troubles

---

[*] D'après le CNRS et le Muséum national d'histoire naturelle (2018), plus d'un tiers des oiseaux ont disparu de nos campagnes en quinze ans.

LES FONDEMENTS INTIMES ET EXOGÈNES DE L'ÉCO-ANXIÉTÉ

du monde*. L'étude de la partition de la vie offre également un voyage dans le temps puisque certains lieux sonores, encore sauvages et préservés, sont presque identiques à ce qu'ils étaient avant que les premiers hommes ne peuplent la Terre, tels des sanctuaires musicaux d'un autre âge.

Le corollaire du bruit est le silence. Et c'est ce qui inquiète le plus les chasseurs de sons avec la disparition des paysages sonores, témoins de la raréfaction de la vie sauvage. Ainsi, près de 50 % des sons enregistrés depuis les années 1960 ont disparu de la surface de la Terre, chassés par le brouhaha des hommes. Bernie Krause donne l'exemple de Lincoln Meadow, situé dans les montagnes de la Sierra Nevada. En 1988, une compagnie forestière parvint à convaincre les habitants que son programme d'exploitation sélective de la forêt n'aurait pas de conséquences sur le paysage. « On ne voit bien qu'avec le cœur, l'essentiel est invisible pour les yeux », disait le Petit Prince de Saint-Exupéry. Bernie Krause reprit

---

* Ces dernières années, des acousticiens, des écologistes, des psychologues cognitifs et des spécialistes des sciences humaines ont commencé à étudier les paysages sonores. De nombreuses publications sont disponibles sur le site de l'International Network of Research on Coupled Human and Natural Systems (CHANS-Net) ou Réseau international de recherche sur les systèmes humains et naturels couplés.

cette idée à son compte en partant du principe que l'« on ne voit bien qu'avec le *chœur* » des animaux. Ainsi, peu avant que les résidents ne donnassent leur accord à la compagnie forestière, Bernie Krause enregistra l'empreinte sonore de la zone. Un an après le début de l'exploitation forestière, et sans changement visuel notable du site, Krause procéda à de nouveaux enregistrements. Le résultat fut retentissant : le chant des oiseaux avait disparu de la forêt, à l'exception d'une poignée de spécimens. Si l'impact de l'exploitation forestière était invisible pour les yeux, il n'en alla pas de même pour l'ouïe. Lorsqu'un paysage se tait, c'est la vie qui s'éteint.

Pourtant, la nature a depuis toujours inspiré les mélodies des hommes. Elle est la muse des plus grands compositeurs, qui, grâce à elle, ont créé des airs éternels : les *Quatre Saisons* de Vivaldi, la *Truite* de Schubert, la *Pastorale* de Beethoven, pour ne citer que mes préférés. À l'aube de l'humanité, notre musique émanait de la nature. Les premières flûtes furent taillées dans l'ivoire de mammouth, les os de cygne ou de vautour. Les hommes préhistoriques faisaient chanter les grottes en se servant des stalactites et des stalagmites comme de percussions minérales. Cette paléomusique s'est transformée et s'est complexifiée au fur et à mesure des siècles. Sans les partitions transmises de génération en génération, nous aurions perdu cet extraordinaire patrimoine musical. Malheureusement pour elle, la nature n'a pas de partition. Et toutes les sublimes improvisations, impromptus et concerts qu'elle nous offre généreusement disparaissent progressivement et ne pourront jamais être rejoués.

Cette biomusique, Bernie Krause l'enregistre également dans les océans. De l'alacrité sourde et subreptice des poissons des récifs coralliens aux chants des baleines, le monde sous-marin a aussi ses gammes, ses tonalités, ses harmonies et ses altérations[110bis]. Malheureusement, les silences, les pauses et les demi-pauses deviennent de plus en plus nombreux. En effet, la vie océanique décline du fait de la prédation halieutique, qui a anéanti 49 % de la faune marine entre 1970 et 2012[111].

Face à ces constats, il importe d'écrire une nouvelle partition, personnelle, intime mais également collective et sociétale. Question de bien-être, question d'ataraxie aussi pour les personnes éco-anxieuses. Comment faire face aux questionnements écologiques et collapsologiques ? Comment mettre la narration eschatologique à distance et lui substituer un projet plus positif ? J'aimerais montrer que la nouvelle donne environnementale, bien que compromise, laisse une place à la réalisation personnelle. Parlons-en dans les pages qui suivent. Réfléchissons à ces solutions, activables et concrètes, pour tenter de vivre sereinement dans un monde abîmé.

CHAPITRE 4

SOIGNER LA TERRE EN PRENANT SOIN DE SOI

> « CRÉON. – [...] La vie c'est un livre qu'on aime, c'est un enfant qui joue à vos pieds, un outil qu'on tient bien dans sa main, un banc pour se reposer le soir devant sa maison. »
>
> Jean Anouilh, *Antigone*

Inaugurer ce chapitre avec cette citation de Créon, c'est rappeler l'importance de la figure d'Antigone et celle des engagements individuels dans la trajectoire d'une vie. Il y a fort à parier que nombre d'individus éco-anxieux se reconnaîtront dans les interrogations et les choix de cet emblème de la littérature. Antigone est ce personnage entier, fort, seul contre tous, fidèle à sa conscience et à ses idéaux, qui incarne l'engagement honnête et sincère dont font preuve nombre de personnes éco-anxieuses.

Si je reste persuadée qu'il est essentiel de demeurer fidèle à ses valeurs, je me pose également des questions sur la portée des choix d'Antigone : à quoi sa mort a-t-elle servi ? Pourquoi Antigone ne s'est-elle pas essayée, elle aussi, à la joie ? D'où mon regard moins critique et plus bienveillant sur la vision du bonheur quotidien présenté par Créon. Je vais tenter ici de vous proposer un « entre-deux » entre l'absolu mortifère d'Antigone, si juste et noble fût-il, et le principe de réalité de son oncle Créon, moins intransigeant et plus perméable à la douceur et à la beauté offertes par notre monde.

Afin d'éviter de perdre de vue notre bien-être psychologique et de risquer de nous enfermer dans une logique éco-anxieuse portée par l'inaction et la rumination, il convient de retrouver la confiance en la possibilité d'un avenir heureux et d'une solastalgie raisonnée et positive. Opérer une transition écologique à la fois intime, profonde, personnelle, mais également au sein de notre foyer, et, pour finir, de la société, tel sera le cheminement de ce chapitre. Pour y parvenir, plusieurs solutions actionnables immédiatement existent.

Je vous propose d'y réfléchir ensemble et d'identifier ces actions simples, individuelles ou holistiques, mais toujours à la portée de chacun.

1. Savoir lâcher prise sans renoncer

Revenons à *Antigone*. Créon s'efforce de convaincre sa nièce que la vie est une succession de concessions, et qu'il faut parfois savoir lâcher prise. Souvent, le cours des événements ne suit pas la direction que nous aurions souhaitée, quand il ne va pas complètement à l'encontre de nos aspirations et de nos rêves. Alors que je rédige ce chapitre, l'Amazonie, l'Afrique centrale et l'Australie ont brûlé, certains habitants des îles Féroé ont massacré des dauphins-pilotes[112] lors de rituels traditionnels et l'Arctique connaît des records de température qui auraient été presque impossibles dans un climat non réchauffé. Ces réalités, qui ne représentent que des exemples isolés dans une myriade de mauvaises nouvelles, contribuent à alimenter l'éco-anxiété. De ces informations peuvent découler des récits intimes, négatifs ou anxiogènes, qui ont le potentiel d'aboutir à une forme d'auto-harcèlement pouvant induire un état de stress permanent, épuisant et insatisfaisant pour la personne éco-anxieuse. Or, lorsque les émotions désagréables prennent le dessus sur les autres, c'est le bien-être général et la qualité de vie[113] qui en pâtissent.

Pour éviter ce désagrément, il est essentiel d'apprendre à réguler ses émotions[114]. Il convient de les accepter et de se poser une question importante, dès lors que des pensées à teneur solastalgique s'immiscent dans nos esprits : dans quelle mesure le fait que je me sente triste, inquiète ou en colère change-t-il quoi que ce soit à l'événement qui me taraude ? En quoi la souffrance que je ressens soulage-t-elle la détresse de la faune, de la flore ou de mon semblable moins bien loti ? Les questions étant évidemment rhétoriques, la réponse tombe sous le sens : « en rien ». Ne pas réussir à trouver le sommeil à force de se représenter l'Amazonie qui flambe contribue-t-il à lutter contre les flammes ? Même réponse que précédemment. L'intérêt de s'opposer une forme d'autocensure délibérée est de bloquer l'afflux de pensées négatives. Tarir le flux de ces considérations délétères permet d'empêcher l'envahissement de notre psyché par des préoccupations potentiellement inhibantes et contre-productives, car situées hors de notre zone d'action.

Différentes stratégies de gestion des émotions peuvent dès lors être mises en place[115]. L'une d'entre elles consiste à détourner notre attention des pensées négatives lorsque celles-ci deviennent envahissantes. Cette diversion intentionnelle de l'attention peut prendre plusieurs formes. Une forme que je qualifierais de très prosaïque consiste par exemple à se concentrer très fortement sur un objet ou une tâche, comme compter les carreaux du sol. Une forme plus idéelle nous invitera à mobiliser des souvenirs et des projets heureux. Une autre solution pour faire rempart aux considérations environnementales mortifères est la réalisation d'un « changement cognitif » qui a vocation à porter un regard aussi positif que possible sur un événement perturbant. Ce changement de perception ne revient pas à nier ou relativiser à outrance un événement grave, mais permet de le replacer dans un contexte plus positif. Cela suppose de se concentrer sur les aspects potentiellement favorables d'une situation et sur ses opportunités d'évolution plutôt que sur les difficultés du moment. En d'autres termes, à défaut de changer le monde, changeons le regard que nous lui portons.

De manière générale, afin d'éviter une saturation psychique et émotionnelle, le principe que je recommande de s'appliquer au quotidien tient en deux mots, « lâcher prise ». Ce conseil ne revient pas à devenir indifférent à l'ordre du monde et ne plus rien entreprendre pour le faire évoluer, bien au contraire ! Acceptons le constat simple et rationnel que l'on ne peut pas tout, et encore moins changer seul et rapidement le monde et nos semblables. Porter sur ses épaules toute la misère du monde est aussi illusoire que contre-productif, car le découragement et l'épuisement finiront toujours par l'emporter.

Il est donc fondamental d'apprendre à se déprendre de cette fatigue mentale due à des constats d'impuissance successifs, de ces pensées trop sombres qui nous rongent comme un remords ; il nous faut réussir à mettre à distance notre « angoisse atroce et despotique », afin d'espérer prétendre à une certaine tranquillité d'esprit. Pour une personne éco-anxieuse, longue sera la route qui mène à cette ataraxie. Néanmoins, il n'appartient qu'à nous de tenter de maîtriser l'impact, la magnitude et la fréquence des pensées qui nous oppressent. Avant de prendre soin du monde, sachons prendre soin de nous. Pour ce faire, il existe différents palliatifs, notamment la méditation, le lâcher-prise et l'auto-bienveillance[116]. Parmi les techniques de méditation, la « pleine conscience » est particulièrement intéressante.

La pleine conscience fait référence à une technique consistant à autoréguler et focaliser notre attention afin de l'orienter sur le moment présent, ce qui favoriserait un état d'esprit apaisé et positif[117]. Donnant raison à Nietzsche qui, dans *Par-delà le bien et le mal*, souligne qu'« une pensée vient quand elle veut, et non pas quand je veux », il semblerait que nous passions environ 47 % de nos heures d'éveil dans un état d'errance mentale, laquelle contribuerait à accentuer le malheur perçu[118]. La pleine conscience a ainsi vocation à limiter le vagabondage de nos pensées en nous permettant de rester attentifs et focalisés[119]. Elle demeure néanmoins un état difficile à atteindre ; y parvenir nécessitera par conséquent une réelle discipline mentale, un apprentissage de la concentration et un engagement de nos ressources cognitives à court terme.

Par ailleurs, pour opérer normalement, notre cerveau a besoin de pauses, de calme et de silence. Il en va de même de notre corps, pour lequel deux minutes de calme absolu – sans musique, fût-elle douce – semblent suffisantes pour diminuer la pression artérielle et la fréquence cardiaque[120] de l'organisme. Rien ne vaut, pour s'apaiser et se préparer à l'action, que de ne rien faire pendant quelques minutes, de laisser le temps s'écouler sans entrave, dans une quiétude absolue. Le bruit – corollaire de l'agitation – engendre des effets délétères, comme des troubles du sommeil, et augmenterait le risque d'infarctus du myocarde[121]. Pour atteindre ce « silence attentionnel et corporel » dont les bienfaits pour la santé ne sont plus à démontrer[122], il s'avère essentiel de se déconnecter des sollicitations permanentes du quotidien, notamment au travers du silence et de la méditation. Les capacités d'auto-régulation émotionnelle se verront ainsi progressivement améliorées[123] et contribueront à mieux contrôler l'idéalisme chronique qui anime les sujets solastalgiques.

L'éco-anxiété se nourrit de ce décalage entre la réalité du monde et nos aspirations. Contourner l'impasse suppose de trouver un juste équilibre entre principe de réalité, à savoir ce qui dépend de nous ici et maintenant, et ambitions pour l'avenir. Cet équilibre ouvre la voie à une éco-anxiété rationnelle, en actes plutôt qu'en ruminations. En effet, les « esprits résolus » des gens d'action auront plus d'effets sur le monde que les « esprits fatigués » des personnes trop portées sur les réflexions et les constats[124]. Il reviendra aux individus solastalgiques de parvenir à cette conclusion et de réaliser ainsi qu'un petit acte, si anodin ou isolé soit-il, vaut mieux qu'une grande intention.

2. Apprendre à choisir et à mener ses batailles

S'il faut choisir ses batailles afin de ne pas s'épuiser, vivre de façon éco-vertueuse fait partie de celles que je m'efforce de mener depuis plusieurs années. Inutile de préciser que cela ne va pas toujours de soi, tant les habitudes de production, de consommation et de mobilité de notre société découragent les comportements bénéfiques pour la planète et notre santé.

Pour illustrer le propos liminaire de ce paragraphe, voici un exemple très concret issu de ma vie quotidienne : il m'arrive parfois, par facilité, d'acheter dans un magasin biologique quelques articles déjà emballés, lorsque je n'ai pas le temps d'aller au marché avec mes contenants et mes emballages réutilisables. Ces produits sous emballage constituent des déchets supplémentaires qui viennent encombrer le contenu de ma poubelle, que je tente pourtant de réduire. Cet instant de vie, si prosaïque soit-il, montre qu'il faut parfois accepter de ne pas livrer certaines batailles et de céder du terrain aux pratiques les plus répandues et les moins durables. Il s'agit en l'occurrence moins d'un compromis que d'une concession temporaire, dont le principal objectif est de ne pas se gâcher la vie au quotidien ni accroître sa charge mentale. Je m'efforce toujours de faire au plus éco-vertueux et, lorsque je n'y parviens pas, j'essaie de ne pas culpabiliser.

Faire preuve d'indulgence envers soi-même est nécessaire pour se réapproprier sa place dans le monde. Parvenir à cette conclusion requiert quelque peu d'égoïsme, surtout lorsque l'on est éco-anxieux, et nécessite de s'autoriser un brin d'insouciance en dépit de la Nature qui souffre. Cet « égoïsme » dispose de vertus essentielles en ce qu'il permet de se sentir mieux, voire heureux. Il devient dès lors possible d'aller de l'avant et de s'engager pour les causes qui nous tiennent à cœur. On ne saurait trop se méfier des excès de zèle, l'enfer étant souvent pavé de bonnes intentions. Ainsi l'action de l'éco-anxieux engagé requiert-elle une forme de tempérance et d'indulgence vis-à-vis de soi-même, tant dans l'implication que dans le dévouement. L'épuisement psychologique et physique n'est jamais loin pour les solastalgiques, Sisyphe de l'environnement dont l'exemplarité doit se doubler d'une véritable résilience face à l'ampleur de la tâche. Ne pas nous sentir en phase avec les valeurs de surconsommation et de gaspillage de notre société ne nous dispense pas de faire partie de cette dernière. Compte tenu de l'adversité et des virtualités potentiellement sinistres des décennies à venir, l'envie de ne pas être né en a probablement déjà effleuré plus d'un parmi vous. Il n'empêche que nous sommes là et bien là, éco-anxieux engagés, voués à vivre en accord avec nos valeurs et, comme l'écrit Alfred de Vigny, à « faire énergiquement notre longue et lourde tâche ». Autant ne pas compliquer cette dernière et donc s'éviter des moments peu gratifiants.

Parmi eux, la fréquentation de lieux qui ne correspondent pas à nos valeurs et à nos habitudes de consommation, comme, dans mon cas, les supermarchés, où je n'ai plus mis les pieds depuis des années. Et pour cause ! Quelle débauche de produits inutiles, suremballés, chimiques, parfois nocifs. Produits qui sont, contrairement aux idées reçues, généralement très chers au regard de leur qualité et de leur mode de production, souvent polluant et peu respectueux des travailleurs et des consommateurs. Ce que je souhaite mettre en lumière au travers de ces quelques lignes inspirées de ma vie quotidienne, c'est encore une fois qu'il nous faut apprendre à nous modérer et à nous économiser en matière d'agir environnemental et d'écoresponsabilité. Parce qu'à force de donner de notre personne, de nous hyper-responsabiliser, à trop nous investir psychologiquement et physiquement, nous prenons le risque de verser dans une éco-anxiété désenchantée et découragée. Ce basculement, éminemment contre-productif pour la santé et le bien-être, ne doit intervenir à aucun prix, et encore moins à celui d'un investissement environnemental évanescent. Il importe par conséquent de savoir se tempérer, se pardonner, être moins exigeant et intransigeant, vis-à-vis de soi ; mais également d'autrui, sur lequel il faut savoir se reposer lorsque c'est nécessaire. Cela passe par l'opportunité de trouver des interlocuteurs, éco-anxieux ou pas, qui partagent des préoccupations et des idéaux similaires.

Si simple et bien connu soit-il, l'adage « tout seul on va plus vite, ensemble, on va plus loin », est, je pense, d'une grande pertinence pour les personnes éco-vertueuses qui agissent chacune dans leur coin. Rejoindre des associations ou des mouvements citoyens pacifiques à vocation environnementale représente un levier efficace pour mettre notre éco-anxiété au service de fins positives. L'engagement citoyen dispose en effet de nombreuses vertus, dont celles de donner du sens à une existence et d'apaiser le sentiment de solitude et de décalage ressenti par les personnes solastalgiques. S'entourer de personnes qui présentent une même sensibilité au monde et partagent des préoccupations similaires aux nôtres renforce du reste notre sentiment d'appartenance à un groupe. Cette démarche associative et d'engagement au service du collectif contribue également à nous rassurer, à maintenir notre motivation dans la durée, à porter un regard apaisé sur notre personne, à nous sentir en accord avec nous-mêmes et avec autrui[125]. Tisser des liens sociaux positifs permet enfin de libérer la parole, d'exprimer ses doutes, ses questionnements et ses inquiétudes avec des personnes à l'écoute, empathiques et bienveillantes.

Sur un plan moins psychologique et plus organisationnel, notons par ailleurs que la re-création de lien social, l'organisation en réseaux et la coopération entre les individus nous permettront de faire face plus efficacement à la nouvelle donne climatique et environnementale[126]. Cette recomposition des relations sociales constitue l'une des clés de voûte d'une éco-anxiété heureuse, notamment en ce qu'autrui ne sera plus perçu comme le colocataire indélicat d'une planète aux abois, mais comme un partenaire qui partage les mêmes objectifs de préservation de cette dernière. En témoignent les études qui illustrent que les attitudes positives au sein d'un réseau d'individus encouragent le respect, la coopération et, par là même, le bonheur des membres de ce réseau familial, amical et de voisinage[127]. Ces cellules localisées d'individus heureux constituent une entité que des chercheurs appellent les « clusters de bonheur ». Ces derniers naissent du rayonnement des attitudes positives et d'un phénomène naturel de contagion émotionnelle, l'humeur d'une personne pouvant déterminer de manière éphémère celle des autres[128]. Outre le fait qu'être positif et bienveillant contribue à l'émergence ou au maintien d'un cluster de bonheur dans son réseau, cette attitude a la capacité d'irradier d'autres individus et d'en faire des vecteurs de transmission d'un comportement bienveillant. Ainsi, à défaut de changer le monde par notre seule action, l'on peut néanmoins contribuer à le rendre plus heureux. Mais également profiter de ses bienfaits immédiats au lieu de « futuriser » et de contempler un avenir par définition hypothétique et pour le moins incertain.

3. *Conjuguer notre vie au présent*

L'ataraxie, tranquillité de l'âme chez les stoïciens, dépend intimement de la temporalité dans laquelle nous vivons. À trop regarder vers le passé, vers cet Éden terrestre complexe et diapré qui se conjugue désormais à l'imparfait, vers ces espèces et ces forêts qui feront peut-être bientôt leur entrée dans les manuels d'histoire naturelle, bref, à trop nous attarder dans le passé ou nous projeter dans l'avenir, nous en oublions de vivre au présent. Lorsque l'on est solastalgique, l'on a en effet tendance à « futuriser » ou « passéiser » à l'excès notre existence. Or le passé n'est plus, le futur n'est pas, et seul le présent nous appartient. Nous le négligeons pourtant, et nous omettons d'investir ce seul temps qui soit réellement le nôtre. Certes, se remémorer le passé en faisant fonctionner notre mémoire est aussi naturel et légitime que de se projeter dans le futur ; il semblerait qu'une pensée tournée vers l'avenir vienne à notre esprit toutes les seize minutes en moyenne[129].

Néanmoins, s'il est normal de penser au futur, la perception que nous en avons en tant qu'individus éco-anxieux est empreinte d'inquiétude et de crainte, pour nous, nos enfants et le Vivant dans son ensemble. Ces projections anxiogènes d'un monde qui n'existe pas (encore) ont le pouvoir d'inhiber certains projets que nous aurions sûrement entrepris sans une vision du futur fondée sur une spéculation anxieuse. Doit-on avoir des enfants ? Où doit-on vivre pour échapper au climat qui s'affole et à la vie urbaine qui en pâtira forcément si les villes ne s'adaptent pas rapidement ? Ces questionnements existentiels sont les prodromes de cet avenir qui n'est, par définition, pas encore là, tout en l'étant déjà pour les individus éco-anxieux.

D'aucuns en viennent à pré-vivre ces événements collapsologiques en modifiant leur quotidien, voire leur profession et leur lieu de vie, à la suite d'une épiphanie écologique. Ces modifications s'avèrent parfois positives pour les personnes solastalgiques qui ont su donner ou redonner un sens à leur vie après de telles résolutions. Pour autant, il me semble fondamental de se réapproprier le présent et ne pas systématiquement anticiper ce que sera le monde de demain. Dans ses *Pensées*, le philosophe Pascal relève que « nous ne vivons jamais, mais nous espérons de vivre ». À nous, par conséquent, de nous soucier davantage du temps présent, de le choyer, *a fortiori* lorsque la capacité à rester concentrer sur le moment présent semble associée à un plus grand bien-être psychologique[130].

Libre à nous, dès lors, d'apprécier le temps présent et de le remplir de joie. Non en nous détournant de ce qui nous préoccupe, mais en savourant les belles choses du quotidien. Jouir de l'instant présent, le seul qui vaille vraiment, ne signifie pas qu'il faille pour autant embrasser l'instantanéité hyperconnectée de notre civilisation. Notre société de l'immédiateté est sous le feu roulant des notifications des réseaux sociaux et d'une actualité frénétique. Or ces paradigmes sont contre-nature et contribuent à entretenir le sentiment de « rétrécissement du présent[131] ». Nous n'avons jamais eu autant de temps libre, grâce aux avancées sociales sous-tendues par le droit du travail et les congés payés ; des tâches chronophages et peu gratifiantes ont été abolies grâce à des avancées technologiques comme la machine à laver et le lave-vaisselle, pour ne citer qu'elles. Pourtant, nous avons paradoxalement l'impression de courir en permanence après le temps, d'être sans cesse débordés et de voir défiler notre vie en version accélérée, au même rythme que les nouvelles que nous faisons défiler sur nos écrans de smartphone et d'ordinateur. Soigner la planète en prenant soin de soi passe donc par la nécessité de maintenir notre solastalgie sous contrôle en limitant et en rationalisant notre usage du numérique et des réseaux sociaux.

Dans ce contexte de futurition (nous ne tenons pas au temps présent et ne vivons qu'au futur), de sollicitations multiples et continues, l'éco-anxiété prospère. Être conscient de ces enjeux, les prendre à bras-le-corps pour les résoudre, permettra de couper court, ou du moins de limiter fortement, la solastalgie que l'on ressent et de trouver un début de paix intérieure face aux désordres du monde.

4. « *S'enivrer à loisir des charmes de la nature* »

L'accès à une éco-anxiété positive passe également par le rétablissement du lien qui nous unit à la nature et par la restauration de notre biophilie, sans écran interposé. En 2015, la population adulte française déclarait passer en moyenne cinq heures et sept minutes par jour devant un écran[132]. C'est donc quasiment un cinquième de nos journées, et près d'un tiers de notre temps d'éveil, qui est capté par la lumière bleue des écrans. Nous ressentons et expérimentons désormais la nature majoritairement par le biais de ces derniers. C'est au mieux contre-productif, en réalité problématique[133], notamment pour les individus éco-anxieux.

Or imaginez tout ce que nous pourrions accomplir pour la biodiversité ou le climat si nous parvenions à nous déprendre de ces camisoles numériques ! Apprendre, entreprendre, aller au contact de la nature ne représente qu'une fraction des réalisations potentielles qui demeurent à notre disposition si nous acceptons de redevenir maîtres de notre quotidien. Cette reprise en main de nos priorités nous permettrait de nous concentrer sur des réalités plus essentielles. Comme de rendre au centième à la grande nature tout ce qu'elle nous a offert, en commençant par un surcroît de bienveillance, fût-elle par petites touches, à l'égard de ses habitants, toutes espèces confondues. Mais également en faisant preuve de plus de volontarisme lorsqu'il importe de respecter, de restaurer ou de créer des sanctuaires naturels, à l'échelle d'une forêt, d'un parc, d'un balcon ou même d'une fenêtre végétalisée. Ces bonnes pratiques, simples et actionnables, contribuent à embellir notre environnement immédiat et à le rendre plus vertueux et compatible avec la beauté du monde naturel, qui possède des propriétés évidentes tant pour notre bien-être physique que psychologique.

En témoigne la pratique des « bains de forêt », ou *shinrin-yoku*. Cette tradition japonaise qui consiste en une excursion en forêt de courte durée, à une allure tranquille et dans un objectif de détente, de loisir et de méditation, présente de nombreux avantages pour la santé. Les bains de forêt réduisent la pression artérielle, la fréquence cardiaque et le taux des nombreuses hormones du stress, comme le cortisol, l'adrénaline ou la noradrénaline. Le *shinrin-yoku* contribue également à réduire l'anxiété, la dépression, la colère, la fatigue, et augmente l'activité de certaines de nos cellules immunitaires, notamment les lymphocytes NK (« *natural killers* »)[134]. Ces effets positifs seraient en partie liés au fait de respirer des substances appelées *phytoncides*, qui regroupent l'ensemble des molécules excrétées dans l'air par les arbres et les forêts, comme les pinènes ou le limonène. Le *shinrin-yoku* fait partie depuis 1982 des préconisations japonaises pour une bonne hygiène de vie. Cette pratique a contribué à faire émerger une nouvelle branche de médecine douce, la sylvothérapie, ou médecine par les arbres, qui met à profit les effets des milieux forestiers sur la santé humaine.

Lorsque l'on est éco-anxieux, il fait également bon se rappeler la beauté du monde et la présence d'une nature encore préservée, sauvage et vivante. Mettre ses sens en éveil, s'imprégner de la beauté des lieux et des sons, contempler la nature, savourer l'atmosphère de paix qui y règne, ainsi que l'air pur et les odeurs fraîches et agréables qui s'en dégagent, sont autant d'expériences simples et réconfortantes.

Rappelons enfin que le contact avec la nature constitue une source d'inspiration, favorise l'émergence de nouvelles idées et encourage la création[135]. En effet, la nature, à la fois muse et refuge, s'avère un magnifique poème vivant. Sa splendeur est depuis toujours au cœur des représentations artistiques. Des peintures rupestres aux natures mortes, des paysages impressionnistes aux films contemporains, les artistes n'ont de cesse de célébrer la grâce du vivant, d'en extraire « le sel de la terre » et par là même de contribuer à rendre notre vie plus douce. Faute de pouvoir sauver le monde, tâchons au moins d'en conserver sa représentation préservée et magnifiée à travers des arts et des lettres. Gardons aussi à l'esprit qu'un contact régulier avec les œuvres d'art et une fréquentation des musées, des opéras et des théâtres (cette liste n'est évidemment pas exhaustive) améliorent notablement notre qualité de vie et notre santé[136].

Après avoir rappelé le caractère essentiel d'un lien physique et sensoriel avec la nature, j'aimerais à présent insister sur l'importance de retisser un lien spirituel avec cette dernière, de s'ouvrir à la richesse, au mystère et au sacré de la nature pour atténuer les effets de l'éco-anxiété. Accueillir la beauté du monde, c'est, pour reprendre le mot du sociologue et philosophe Harmut Rosa, entrer en *résonance* avec lui[137]. Mettre de côté notre approche dominatrice et prédatrice pour laisser place à la douceur et au respect. Il n'est pas anodin que les peuples premiers aient pris la nature et ses habitants pour dieux. Le totémisme et l'animisme, que l'on retrouve dans plusieurs cultures, soulèvent certains questionnements philosophiques insondables : la beauté du monde ne porte-t-elle pas en elle une essence sacrée ? Le cycle des saisons, la diversité du vivant, le camaïeu diapré du ciel – ce système harmonieux ne relève-t-il pas d'une conjoncture *miraculeuse* ? Ce n'est certainement pas un hasard si la première religion monothéiste, le zoroastrisme, un temps religion officielle de l'Empire perse, repose sur la vénération des éléments et de la nature.

La sagesse des zoroastriens aspire à l'harmonie et, pour y parvenir, encourage les pensées, les paroles et les actions positives dans la vie quotidienne. Point d'idolâtrie, de haine ou de prosélytisme chez les disciples de Zoroastre, « l'enfant né en riant » plus de dix siècles avant Jésus-Christ. Le zoroastrisme valorise la joie, le rire et l'humour au quotidien[138]. Ne pas souiller la terre, fût-ce après la mort, y est par ailleurs un principe de vie. Point d'inhumation ou de crémation donc, rituels funéraires qui reviendraient à salir la terre, l'air ou l'eau. De même, point de sépulture ou de cimetière chez les zoroastriens, qui lui préfèrent l'inhumation céleste, au cours de laquelle les cadavres sont déposés au sommet des « Tours du Silence » pour y être dévorés par des vautours une fois les derniers sacrements réalisés par les prêtres. La mort retourne ainsi à la vie et l'homme s'acquitte de son dû à la nature en rendant sa place sur la terre. Ce rituel est désormais interdit en Iran et compromis par la disparition des vautours. Il nous rappelle pourtant que, avant de chérir des idoles évanescentes, nous embrassions ce que notre planète nous offre de plus précieux : son existence, sa réalité et sa beauté. Cette beauté du monde et cette « infinie diversité » de toutes les créations terrestres, en lesquelles Spinoza décelait la présence de Dieu[139].

Sur la base de ces prolégomènes, il me semble que développer une vie intérieure, spirituelle et intime, tournée vers le respect de la nature, le plaisir à l'admirer et à l'écouter, contribuera à l'ataraxie des personnes éco-anxieuses. En entrant en résonance avec le monde naturel, nous entrerons en concordance avec nous-mêmes. Dédier des moments à la nature et intérioriser l'enchantement du monde pour réenchanter notre psyché représentent autant de clés qui permettront de donner une direction spirituelle à notre vie. Cette nouvelle sagesse fondée sur la nature, ou « écosophie » pour reprendre la formulation d'Arne Næss[1410], contribuera à l'épanouissement et à l'apaisement des personnes éco-anxieuses.

Enfin, développer une « spiritualité écologique[141] », laïque ou organisée autour d'une religion, offre de nombreux bénéfices pour la santé mentale. Il semble en effet que les personnes possédant une vie intérieure et spirituelle riche présentent une meilleure qualité de vie que les personnes qui en sont dépourvues, mais également moins de stress, moins de symptômes dépressifs, un moindre risque de suicide[142] et une plus longue espérance de vie[143]. Ces bienfaits seraient notamment liés à la méditation, à la modération et à la tempérance de la majorité des croyants, ainsi qu'à des liens sociaux et à un sentiment d'appartenance plus forts.

5. Désirer autrement pour se réaliser pleinement

Une philosophie de vie qui place en son centre le lien social, la nature et la bienveillance vis-à-vis d'autrui contrecarre les valeurs dominantes de notre société, fondée sur l'accumulation et la consommation frénétiques de biens, de services, de divertissements et de voyages. Ces valeurs découlent d'une surexposition permanente, y compris dans notre sphère privée, aux messages publicitaires et aux injonctions à acquérir, posséder et se déplacer. Ces sollicitations sont épuisantes et source de frustrations. Je me sens pour ma part beaucoup plus sereine et accomplie depuis que j'ai compris que la consommation d'artefacts en tout genre et les pérégrinations régulières aux quatre coins du monde ne m'étaient pas indispensables. Moins voyager, moins consommer, moins gaspiller, ne constitue pas un renoncement pour moi, bien au contraire ! Ces choix de non-consommation peuvent être perçus comme des sacrifices ou des privations. Pourtant, il n'en est rien, dès lors que, de consommateur, l'on devient *consomm'acteur*. Changer ses désirs, c'est contribuer à changer l'ordre du monde. Ce cheminement repose sur notre capacité à imaginer des alternatives déjà existantes et à portée de main. Ces alternatives plus frugales, moins chères, moins lointaines, sont en fin de compte tout aussi satisfaisantes et qualitatives.

À ce titre, notre imagination constitue un monde unique et sans fin, un champ des possibles dans lequel aucun lieu n'est hors de portée. Elle nous permet de voyager à travers les époques et les pays plus rapidement que n'importe quel moyen de transport et sans émettre le moindre gramme de CO_2. Il m'aura fallu deux décennies pour comprendre que mes plus beaux voyages sont ceux que j'ai réalisés à travers mes lectures. Les paysages les plus extraordinaires sont ceux que j'ai imaginés et les personnages les plus romantiques, pittoresques et héroïques que j'ai rencontrés l'ont été dans des livres. Notre-Dame de Paris a brûlé, mais sa description par Victor Hugo dans le roman du même nom est pour moi éternelle. Sous sa plume, j'ai fait d'inoubliables incursions dans le Paris du Moyen Âge, loin des particules fines, des grandes enseignes surclimatisées et des terrasses de cafés bondées. J'ai flâné dans le monde irréel de la cour des Miracles et j'ai pu admirer une vue panoramique de Paris assise sur les gargouilles de la cathédrale au côté de Quasimodo. Si je suis partie en Birmanie, mon voyage n'a été qu'un ersatz de celui raconté par Joseph Kessel dans *La Vallée des rubis*, roman qui a plus frappé mon esprit que mes propres expériences sur place. Le véritable voyage de découverte ne consiste-t-il finalement pas, pour paraphraser Proust, à voir avec de nouveaux yeux, plutôt qu'à chercher de nouveaux paysages ?

Dans notre monde 2.0 où les vols *low cost* mettent les trajets intercontinentaux à la portée du plus grand nombre, nous nous rengorgeons de notre hypermobilité, symbole et désormais cliché ultime de l'homme moderne et ouvert sur le monde. Mais que d'argent, d'énergie, de ressources et de fatigue pour parcourir les mêmes sentiers battus que des milliers de touristes, ou se disputer des transats au bord de piscines et de plages que nous avons en abondance chez nous. Quel est l'intérêt de parcourir les 12 000 kilomètres qui nous séparent de la Patagonie sans avoir pris le temps d'admirer le Mont-Saint-Michel, la baie de Somme, ou de découvrir la magnifique campagne alsacienne ? « Les voyages forment la jeunesse », dit le proverbe, mais ce vieil adage n'appartient-il pas au monde d'hier ? Peut-être convient-il aujourd'hui de favoriser les voyages locaux aux vols *low cost* et de réaliser que de nombreuses *terrae incognitae* existent à proximité de chez nous comme en nous-mêmes.

Dominer son éco-anxiété dépend de la force de notre imagination, qui nous permet d'apprécier les choses de ce monde sans avoir à les consommer, les posséder ou y voyager. Je n'ai bien sûr aucune leçon à donner tant j'ai eu mon lot de voyages, dont l'empreinte carbone ne sera probablement jamais compensée par l'existence plus respectueuse de l'environnement que je mène désormais. Combien de personnes solastalgiques ont-elles suivi le même chemin que le mien ? Combien sont-elles à en être venues à ces mêmes conclusions ? Quand le sage montrait la Lune, j'ai bien souvent regardé le doigt ; et tandis que je parcourais du regard ces paysages lointains sur quatre continents, je me perdais de vue. Au fil du temps, je me suis retrouvée, avant tout parce que j'ai changé de perspective. J'ai changé d'angle de vue et, par là même, d'angle de vie. C'est ainsi que l'éco-anxiété, en changeant notre regard sur le monde, peut devenir une voie d'accès vers un plus grand épanouissement personnel.

6. S'atteler à des tâches à notre portée

Lorsqu'il s'agit de passer de la parole aux actes, combien d'entre nous ne se retrouvent-ils pas saisis de l'angoisse de la page blanche ? Que faire à notre échelle, me demande-t-on souvent ? Comment faire ? Par quel bout commencer ? Nos actes ont-ils vraiment un impact ? L'étendue de la tâche semble tellement immense et insurmontable qu'elle en découragera d'emblée plus d'un. Lorsque l'on me demande par quelle action commencer pour adopter un mode de vie plus durable et respectueux de la vie et de l'environnement, je donne presque toujours au débotté les mêmes recettes, concrètes, intelligibles, faciles à mettre en œuvre.

Parmi ces recettes, il en est une que je partage souvent : apprendre à se focaliser sur des leviers de moindre échelle, mais plus facilement actionnables. En d'autres termes, commencer à *faire*, à hauteur de ses moyens et de ses capacités. *Faire*, c'est un peu court, me direz-vous, cela ne tient pas lieu de programme ou de stratégie environnementale, je l'entends bien. Néanmoins, le principal mérite de ce verbe d'action, c'est d'être performatif, de permettre de passer outre l'angoisse de la page blanche, de réduire le sentiment de dissonance cognitive et de marquer un point de départ dans nos trajectoires environnementales personnelles. Sachons ce dont nous sommes capables et ce qui est hors d'atteinte, n'endossons de responsabilités qu'à condition que celles-ci relèvent de notre domaine d'action.

Consommer local en s'approvisionnant sur un marché de producteurs, adopter une alimentation moins riche en protéines animales, limiter nos déplacements somptuaires – notamment en avion – ou l'achat de produits neufs sont autant de bonnes pratiques faciles à mettre en œuvre. Elles permettent de réaliser des économies immédiates tout en limitant notre empreinte écologique, et ont un impact global. En effet, les actions favorables à l'environnement présentent souvent de nombreux co-bénéfices, tant en termes financiers, sanitaires, que de qualité de vie. Troquer, lorsque c'est possible, sa voiture pour une bicyclette ou la marche afin de faire des déplacements courts permet non seulement de limiter nos dépenses en carburant, mais aussi de pratiquer une activité physique bénéfique pour la santé, le tout sans contribuer d'un iota à la pollution de l'air extérieur. Les nouvelles recommandations nutritionnelles du ministère des Solidarités et de la Santé qui conseillent de privilégier les produits locaux, de saison, biologiques, le fait-maison, d'augmenter sa consommation d'aliments d'origine végétale – fruits, légumes, fruits à coques, légumes secs, matières grasses – et de réduire sa consommation de produits d'origine animale (viande, poisson, produits laitiers) ou ultra-transformés (sodas, biscuits et plats tout préparés), vont également dans le sens d'une meilleure santé tout en préservant la planète, et ce, sans pour autant dépenser plus[144].

Pour l'individu solastalgique, l'étape à concrétiser absolument demeure donc le passage de la prise de conscience à la prise de décision. Tout l'enjeu est de passer du stade d'éco-anxieux passif à celui d'éco-anxieux engagé. D'une nostalgie sclérosante, tournées vers un âge d'or aboli ou la crainte du monde de demain, la solastalgie et l'éco-anxiété peuvent se muer en un agir environnemental, en des comportements éco-vertueux qui se traduiront par un bien-être accru pour les individus[145]. Y parvenir suppose de commencer par apporter sa pierre à l'édifice environnemental, fût-elle minuscule, tant pour se sentir mieux que pour contribuer à l'effort collectif. Nos écogestes – régime flexitarien, covoiturage, vélo pour les petits trajets, achats d'occasion, travaux d'isolation dans notre logement –, s'ils nous semblent parfois insignifiants et vains, contribuent pourtant à réduire d'un quart notre empreinte carbone personnelle[63], ce qui correspond au quart de l'effort nécessaire à faire en France pour maintenir l'augmentation des températures moyennes sous le seuil des 2 °C d'ici 2050. Les trois quarts des efforts restants seraient du ressort des entreprises et de l'État. Ces petits écogestes du quotidien sont nécessaires, mais bien sûr non suffisants : ils ne suffiront certes pas à résoudre l'effondrement de la biosphère et le réchauffement climatique à eux seuls, mais ne pas les effectuer nous conduira immanquablement à la catastrophe.

Ces éco-pratiques permettent également, et plus fondamentalement, d'éviter de s'emparer des sujets de trop grande envergure et, de surcroît, de s'y attaquer seul(e). Cette posture de David contre Goliath risque en effet d'engendrer un sentiment d'impuissance, d'inhibition, et donc d'aboutir à une forme d'inaction, voire de passivité résignée, d'éco-anxiété négative face à la dérive de l'environnement et du Vivant. Pourtant, chaque (éco-)geste compte et permet de couper court au sentiment d'impuissance qui étreint la personne solastalgique. Impuissance, mais aussi impression d'être dépassée par le cours des événements et de ne pas avoir de prise sur les grandes orientations de nos sociétés. Les personnes éco-anxieuses souffrent fondamentalement d'une forme d'*hubris impuissante*. Cette « volonté de puissance » contrariée, aussi bienveillante que démesurée, cette ambition de vouloir soigner le monde, sont des résolutions bien trop difficiles à assumer pour un individu seul. La personne solastalgique est l'archétype de l'*Homo universalis* qui s'approprie sans réserve de nombreux enjeux de la planète et globalise toutes ses intentions, au risque de s'y perdre. Tel le titan Atlas qui supporte le poids de la sphère céleste sur ses seules épaules, l'individu éco-anxieux porte sur les siennes l'ensemble des souffrances et de la détresse du monde. De l'importance de se séparer d'une éco-anxiété passive et négative qui tire vers le fond et de transformer ce boulet en bouée.

À cet effet, il convient de se recentrer sur sa zone de contrôle et sur l'environnement sur lequel il nous est possible d'agir directement. *À l'impossible, nul n'est tenu*, et c'est là un mantra qu'il sera essentiel de s'approprier pour mieux vivre sa solastalgie. Si nous ne pouvons pas tout, nous pouvons un peu et, pardonnez-moi cette lapalissade, commencer à agir constitue déjà un bon début en vue de limiter le caractère indésirable d'une éco-anxiété absolue de type passif.

Certes, empêcher immédiatement la déforestation m'est hors de portée. Pour autant, je peux contribuer à la préservation de la forêt au quotidien. Par exemple, limiter ma consommation alimentaire de produits contenant de l'huile de palme et d'animaux nourris à base de soja brésilien – soja cultivé sur des terres annexées à la forêt amazonienne – est un acte qui aura plus d'importance que de faire une insomnie en pensant à la déforestation galopante. Cet exemple concret illustre la nécessité de transformer les intentions globales en actions locales, mais également de se débarrasser du trop-plein de holisme qui submerge régulièrement les individus éco-anxieux. Car, s'il nous est difficile de changer *le* monde, nous pouvons néanmoins changer *notre* monde, voire celui des personnes qui nous entourent.

Nous l'avons vu, la contagion émotionnelle peut conduire à des clusters de bonheur. Ce mimétisme émotionnel advient progressivement en matière d'éco-anxiété. En se propageant au sein de nos réseaux, celle-ci autorise l'émergence et la diffusion de nouvelles habitudes, dont chacun est libre de s'emparer. Les individus éco-anxieux ont ainsi l'opportunité de passer de *convaincus* à *convaincants* – pour reprendre l'expression du psychiatre Serge Tisseron –, de sensibiliser leur conjoint(e), leur famille et leurs amis aux enjeux environnementaux. En adoptant spontanément des éco-pratiques, nous deviendrons une source d'inspiration pour les personnes de notre entourage. Cet éveil écologique du citoyen conduira à un désir d'appropriation des enjeux et des décisions qui impactent notre vie quotidienne et, de ce fait, à l'émergence d'une conscience écologique politique. En faisant sien puis en partageant autour de lui les enjeux environnementaux qui sous-tendent l'éco-anxiété, le citoyen fait aussi acte d'essaimer une pensée politique. Il passe de l'intime au général, de l'auto-conviction à la volonté de convaincre son prochain. En percolant d'un citoyen à l'autre, la pensée écologique contribue à l'idéal solastalgique qui est de ne plus faire face seul à la déroute environnementale.

7. Porter haut les couleurs de notre différence

Par ailleurs, penser et agir différemment, voire à contre-courant de la société et de ses proches, constitue un véritable défi qui requiert courage et énergie au quotidien. Il est donc fondamental de tenir bon et de résister en apprenant à se détacher du regard des autres, à accepter sa différence et à l'assumer. Notre résilience d'éco-anxieux est double, car elle s'applique non seulement à l'involution du climat et de la biodiversité, mais aussi à la pression sociale et à l'opinion d'autrui. Les éco-anxieux engagés doivent, bon gré mal gré, subir des blagues ou des moqueries de leur entourage. Si ces boutades n'ont, en général, pas vocation à blesser, elles s'opèrent néanmoins au détriment de la personne solastalgique et peuvent parfois prendre un tour harcelant. Aux personnes qui confondent encore humour et moquerie, en d'autres termes « rire *avec* quelqu'un » et « rire *de* quelqu'un », l'indifférence constitue la meilleure des réponses. L'humour restant plus que jamais, pour reprendre ce mot splendide de Chris Marker, « la politesse du désespoir », les plus diserts d'entre nous privilégieront une repartie bienveillante, afin de désamorcer la situation et de désarmer l'interlocuteur. En effet, face à l'ignorance du danger, la bienveillance demeure de mise. Faire la paix avec autrui, c'est vivre en paix avec soi-même.

Une autre prophylaxie efficace contre le sentiment de marginalisation revient à tenter de se fondre dans la masse des indifférents écologiques. En renonçant à une fraction de leur différence et de leur identité, ces caméléons éco-anxieux se conforment volontairement à ce qu'autrui attend d'eux, sans pour autant se renier. Cette stratégie du camouflage ne saurait être blâmée tant elle s'avère salvatrice dans certains milieux uniformisants et codifiés comme le monde professionnel. Monde dans lequel il convient de savoir mettre certains principes de côté, quitte à opter pour une forme d'entrisme écologique et progressif. À ce titre, j'encourage les personnes solastalgiques qui souhaitent faire évoluer les pratiques de leur entourage ou de leur milieu professionnel à ne pas agir seules. S'organiser en binôme, en collectif ou en association démultiplie les chances de succès et divise le risque de se retrouver isolé.

Enfin, assumer sa différence sans pour autant s'enfermer dans un sectarisme contre-productif suppose de respecter ses émotions et de ne pas s'obliger à partager notre temps et notre énergie avec des personnes qui dévaloriseraient nos choix et nos engagements. Ainsi, je ne m'interdis pas de moins fréquenter des individus qui tourneraient mes convictions et mes actions environnementales en dérision, et qui, par là même, me renverraient une image négative de moi-même.

Voir nos démarches brocardées s'avère en effet inacceptable tant nous nous définissons par la somme de nos choix et de nos actions. Des actions qu'il importe d'apprendre à assumer lorsqu'elles vont dans le sens d'une existence plus exemplaire, résiliente et durable. Au nombre de ces écogestes capables de donner une direction à un engagement individuel, citons par exemple, et sans les sérier, la signature de pétitions à vocation écologique, la contribution financière à des associations humanitaires, écologiques ou animalières, l'engagement associatif et politique, ou encore l'achat de produits locaux biologiques auprès de producteurs présents sur les marchés ou via des associations pour le maintien d'une agriculture paysanne (AMAP)[146].

Brandir notre solastalgie avec fierté, ne pas en avoir honte, l'endosser sans rougir, arborer, sans prosélytisme mais avec confiance, le costume d'éco-citoyen(ne), telle est la voie royale vers une éco-anxiété en mouvement. Il s'avère en effet beaucoup plus difficile d'attaquer, de moquer ou de discréditer une personne courageuse qui assume ses choix et ses actes, surtout lorsque ces derniers s'inscrivent dans le sens de l'Histoire.

8. *Se réapproprier des savoirs de base*

Les perspectives inquiétantes de l'Histoire m'inspirent d'ailleurs une réflexion qui me semble fondamentale : la nécessité de recréer du lien, de la solidarité et de la coopération entre chaque membre de la société. Il est impératif de réapprendre à vivre ensemble, de façon intergénérationnelle et interculturelle, au regard des très importants mouvements de population qui se produiront potentiellement d'ici quelques années.

Étonnamment, il semble globalement admis que nous n'avons pas besoin les uns des autres, que nous sommes relativement autonomes et en capacité d'évoluer seuls dans la société. Or, ce serait oublier à quel point nous vivons dans un système organisé et réglementé, où l'abondance et la disponibilité des biens et des ressources sont la norme. Les facilités de notre société, qui nous semblent normales et acquises, relèvent en réalité d'un pur prodige. Se rendre dans un supermarché et y trouver une immense variété de biens de consommation était inimaginable à nos arrière-grands-parents. Ouvrir le robinet et obtenir de l'eau potable, en toutes circonstances, quasi gratuitement et dans des volumes illimités, représente également une chance inouïe et un luxe. En faisant le geste anodin d'ouvrir un robinet pour laver des aliments ou remplir une carafe d'eau, imagine-t-on les prouesses techniques réalisées pour pomper, traiter, filtrer et acheminer l'eau de la source à notre domicile ?

Ce confort et cette immédiateté apparents nous conduisent à oublier l'essentiel : la grande encyclopédie de la Nature. Nos ancêtres l'ont patiemment documentée pendant des siècles et se la sont transmise de génération en génération – nommer une fleur, reconnaître un oiseau à son chant, s'orienter grâce à l'observation des étoiles. Ces compétences immémoriales et patiemment acquises constituent un héritage inestimable, mais s'éteignent peu à peu. « En Afrique, quand un vieillard meurt, c'est une bibliothèque qui brûle », nous dit Amadou Hampâté Bâ. Les ouvrages de cette « bibliothèque » universelle sont hélas frappés d'obsolescence programmée, leurs pages ayant jauni trop tôt avant d'être graduellement oubliées. Hôtes indélicats, nous habitons la Terre sans la connaître. Commençons par repositionner la connaissance des composantes naturelles de notre monde dans l'échelle des priorités et des apprentissages de base. Cette transition d'un savoir anthropocentré vers celui d'une *terra cognita*, l'appropriation et la valorisation d'un socle solide de « culture naturelle », constitueront à n'en point douter un premier pas encourageant et concret vers un réel changement des consciences. Mais également un rempart efficace contre une solastalgie qui afflige.

Cette dernière est en effet renforcée par l'impression que nous ne savons rien faire d'*utile* et de *concret* comme faire pousser des fruits et des légumes, en faire des conserves, allumer un feu, réparer des objets ou encore nous orienter sans Waze ou Google Maps. S'empreindre de nouvelles connaissances et réapprendre des compétences de base comme produire une partie de ses aliments, tricoter, cuisiner, coudre, s'orienter dans la nature, jardiner… permet de se rassurer et de se réapproprier concrètement le temps qui passe. En témoignent les vertus scientifiquement démontrées du jardinage, qui, loin d'être anodin et prosaïque, se révèle bénéfique pour la santé et le bien-être[147]. La conjonction du temps passé en extérieur, de l'activité physique réalisée, de la satisfaction tirée du travail accompli et de la consommation d'aliments autoproduits de grande qualité nutritionnelle, représente autant de bienfaits pour le corps et l'esprit. Dans le prolongement de l'exemple précédent, il est également recommandé par les professionnels de santé et de santé publique[148] de cuisiner des plats faits maison.

Tentons de généraliser et d'extrapoler les cas d'espèce précédents. À trop vivre aux crochets d'une expertise extérieure pour satisfaire nos besoins, nous perdons de vue notre condition d'existence et laissons de côté ces savoirs fondamentaux garants de notre autonomie[149]. C'est la raison pour laquelle la tentation isolationniste, autarcique, voire survivaliste, peut être forte. Mais cette tentation corrobore l'idée que tout est perdu, qu'il faut s'isoler et apprendre des techniques fondamentales pour survivre seul, en faisant fi de l'évolution de la société et des individus qui la composent.

Or l'option isolationniste consistant à se couper du monde au lieu d'essayer de le changer me semble très peu désirable. En effet, le salut et la paix passeront par un changement en profondeur de nos organisations sociétales et de nos aspirations. Un reportage de *Complément d'enquête*[150] présente des initiatives originales d'individus qui constituent de nouvelles communautés de destin. Celles-ci tendent vers l'autonomie, pratiquent le troc de proximité, s'entraident et se transmettent leurs compétences respectives. La formation de ces communautés illustre la possibilité de reconstruire une coopération intelligente et bienveillante qui permettra de régénérer les fondements de notre société solidaire sur la base de modes de vie plus résilients. Qui plus est, ces phalanstères *new age* sont de véritables incubateurs d'idées et de savoirs, des viviers d'innovations, certaines donnant la part belle aux *low-tech*[151]. Celles-ci ont vocation à produire, utiliser ou se déplacer de manière efficace, durable, réparable et recyclable. Le retour à ces usages et à ces technologies *low-tech* plus respectueuses de l'environnement, plus frugales en matériel, moins énergivores, et dont la force principale réside dans leur absence de sophistication à outrance et leur simplicité efficiente, me semble indispensable à bien des égards pour espérer enrayer la prédation des ressources de la planète. En effet, comment ne pas être impressionné par l'ingénierie de ces fours à pain qui fonctionnent uniquement grâce à la chaleur solaire et à des miroirs qui réfléchissent les rayons du soleil pour faire grimper la température et le levain ? Comment ne pas s'enthousiasmer au regard de cette habitation qui – à l'inverse des passoires thermiques qui dilapident l'énergie de nos mégalopoles, entretiennent le réchauffement climatique et accentuent la précarité énergétique des foyers – ne nécessite que 80 euros de bois par an pour son chauffage grâce à une cheminée en brique qui stocke et restitue progressivement la chaleur au fil de la journée ? Les personnes présentées dans le reportage semblent épanouies, heureuses d'avoir pu redonner un sens à leur existence et de pouvoir vivre dans un environnement préservé. Car la relation entre l'environnement et la psyché est très forte, et les blessures faites au Vivant sous-tendent, comme nous l'avons vu, l'apparition des symptômes de l'éco-anxiété.

Inversement, respecter l'environnement et ses habitants se traduit par un plus grand bien-être individuel[152]. Le respect de l'altérité, fût-elle humaine, animale ou végétale, est intimement corrélé à notre capacité à ressentir de l'empathie, de la bienveillance, à notre volonté de *prendre soin* de quelqu'un d'autre que soi. Cette appétence à la bienveillance empathique à l'égard de la Vie est intrinsèquement liée à notre éducation, à l'exemplarité des (futurs) parents sur ces enjeux et au réceptacle de valeurs transmises à l'enfant.

9. Sensibiliser nos enfants aux vertus de la nature

Les questions soulevées par le changement environnemental global reflètent les doutes et les inquiétudes légitimement ressentis par les (futurs) parents dont les enfants seront également les témoins des effondrements annoncés et en cours, chute de la biodiversité et dérèglement climatique en tête. Comment ne pas appréhender de lâcher nos enfants dans ce siècle ? Quelle vie leur offre-t-on ? Ne pas avoir d'enfants, n'est-ce pas le meilleur service que l'on puisse rendre à ces derniers ? Cette question, ouverte et non pas rhétorique, prête évidemment à polémique et peut cliver ou braquer. Mais ne vaut-elle pas la peine d'être posée au regard de la situation dans laquelle nous nous trouvons collectivement ?

Je suis pourtant devenue maman, pour le meilleur et pour le pire. Mon fils est à la fois la source d'une joie immense et d'une inquiétude presque aussi grande. Je ne saurais expliquer la raison pour laquelle nous avons quand même décidé de franchir le pas. Malgré ma solastalgie, je ne regrette pas ce choix, et une chose est sûre : son futur est désormais le mien.

En 2050, mon fils aura une trentaine d'années, et près de quatre-vingts ans à la fin du siècle. D'ici là, le système climat se sera peut-être emballé, la Terre sera devenue une fournaise et les océans un cimetière marin. Ce scénario noir, c'est le présent, mais également l'avenir que notre génération semble préparer pour celle de mon fils, de nos enfants. Ce n'est pas faute d'avoir été prévenus. J'en veux pour preuve les exhortations de Hans Jonas, qui, dans *Le Principe responsabilité*, souligne notamment que la génération en âge de déterminer le présent n'a, d'un point de vue éthique, pas le droit de choisir, voire de risquer et de compromettre le futur des prochaines générations. Par ailleurs, cette éthique du futur se conjugue désormais au présent, nos enfants tenant lieu de générations potentiellement sacrifiées sur l'autel du confort de leurs parents. Pour autant, je ne saurais me résigner aux larmes ni à la déploration. Au contraire, la naissance de mon fils a décuplé ma détermination à préserver l'environnement et le monde vivant. Sensibiliser nos enfants à la beauté de la nature, à la nécessité de l'écouter, de la respecter, les emmener en forêt ainsi qu'au contact des animaux et des éléments, les initier au jardinage, à la cuisine maison, sont autant d'habitudes à leur transmettre pour faire d'eux les écocitoyens de demain[153].

Des initiatives similaires fleurissent dans le monde entier pour favoriser une pédagogie plus proche de la nature[154]. Certaines écoles proposent ainsi à des enfants de tous âges de bénéficier de siestes et de leçons se déroulant en milieu naturel, par exemple dans des forêts, transformées en jardins d'enfants au Japon depuis une vingtaine d'années. Ce format essaime dans de nombreux pays, que ce soit au travers des « *forest schools* » canadiennes et britanniques, ou des « *skovbørnehaver* » au Danemark. Les professeurs de ces écoles conduisent leurs jeunes pousses dans la forêt afin d'y délivrer leur enseignement à base d'observation et de découverte de la nature. La pédagogie de cet enseignement en milieu naturel entend développer l'enfant sur le plan physique, psychique, émotionnel et social. Ces écoles bucoliques ne sont en aucun cas buissonnières au regard de leurs effets bénéfiques démontrés : elles favorisent un poids normal, des nuits plus longues et un état de bien-être plus élevé chez les élèves[155]. Ce format d'enseignement en environnement naturel augmenterait également le sentiment de connexion à la nature[156] et contribuerait à une meilleure gestion du stress par les enfants[157]. Ces derniers, au même titre que leurs professeurs, respirent en outre un air de meilleure qualité, dans un contexte plus serein, plus silencieux et moins stressant que celui d'une salle de classe. Les écoles dans la forêt se révèlent encore peu nombreuses en France, quand l'Allemagne en compte déjà plus de deux mille.

À défaut d'écoles proches de la nature, faciliter le contact entre cette dernière et nos enfants n'est ni difficile ni onéreux. Commençons par végétaliser autant que possible les cours des crèches et des écoles, et par y créer des potagers pédagogiques. Outre les bienfaits immédiats de ce surcroît de nature pour nos enfants et leurs enseignants, cet ensauvagement des cours de récréation contribuerait à améliorer la qualité de l'air et à le rafraîchir, notamment dans un contexte de réchauffement climatique. La création d'îlots de verdure et de fraîcheur peut jouer un rôle majeur dans le bien-être des populations en milieu urbain. En attendant la généralisation éventuelle des écoles dans la forêt, tâchons d'incarner des modèles pour nos enfants en matière d'écologie, ils nous imiteront naturellement. « La seule manière intelligente d'éduquer, nous dit Einstein, consiste à être soi-même un exemple. » Soyons-en. Soyons ces adultes exemplaires qui changeront le regard de nos enfants sur la nature et ses habitants. Traduire ces intentions en actes, c'est leur proposer un présent agréable, leur préparer un futur plus désirable et leur offrir une conscience naturelle qui manque singulièrement à tant de nos contemporains.

Démontrer par la preuve que de bonnes pratiques existent pour l'épanouissement de nos enfants, c'est aussi nous ôter une fraction du poids de notre éco-anxiété. En effet, nos enfants constituent simultanément un point d'entrée dans la solastalgie et une échappatoire dès lors que nous sommes en capacité d'entrevoir un avenir moins contrarié pour notre descendance. Ce dernier adviendra notamment par le fait de ne plus couvrir nos enfants d'objets nouveaux et d'écrans. Couvrons-les plutôt d'attention, d'empathie, de bienveillance[158], et d'un peu plus de nature.

10. *Choisir d'être heureux, malgré tout*

Le bonheur, s'il est un rapport d'être au monde et aux autres, est aussi, et surtout, un rapport à soi-même. Être éco-anxieux ne signifie pas être condamné au malheur et au désespoir, dès lors que l'on emprunte la voie du bonheur solastalgique. Comme tout un chacun, les personnes éco-anxieuses ont, elles aussi, droit à leur part de joie et de bien-être. Ces derniers se trouvent heureusement à notre portée ; reste à savoir s'en emparer. La Terre brûle, la Nature souffre, les injustices se perpétuent. Néanmoins, malgré la pluralité et l'intensité de ces peines, fussent-elles proches ou lointaines, il demeure possible de trouver une certaine forme de plénitude. Pour l'atteindre, André Comte-Sponville nous enseigne en substance qu'il convient d'espérer un peu moins, pour agir et aimer un peu plus[159]. Le philosophe nous invite ainsi à désirer ce que l'on fait et ce que l'on possède déjà. En somme, à vivre notre bonheur en actes, un bonheur qui n'espère rien et se suffit à lui-même. En ne désirant que ce qui est concrètement à notre portée, il nous devient possible d'agir et d'aimer véritablement.

En effet, aimer ce que nous n'avons pas est simple : l'absence de l'objet d'amour nous maintient dans l'illusion et le fantasme de son caractère exceptionnel. Aimer ce que nous possédons déjà s'avère plus difficile, car l'être ou l'objet d'amour est là, réel, palpable, à portée de main.

Ce dernier, mis à nu, dépouillé de ses mystères et de ses charmes, confronté à ses imperfections et à ses limites, décristallisé comme l'eût écrit Stendhal, devient infiniment moins désirable. Or il en va en action comme en amour : s'atteler à une cause immense et lointaine est un défi excitant, s'engager personnellement au travers d'actes concrets, quotidiens et objectivables peut l'être beaucoup moins. C'est pourquoi la pensée spinoziste nous incite à transformer notre accablement en motivation. Si le désir d'agir devient plus fort que la tristesse ou l'inquiétude, il nous permettra de dépasser ces affects inconfortables[160]. La réalité du bonheur réside dans ce noyau de cohérence intime, qui mêle désir, action et amour. Avoir la chance de réaliser nos besoins essentiels, notamment l'accès à un logement décent, à une alimentation saine et suffisante, à la sécurité, à une éducation et à une socialisation riches ainsi qu'à un travail stimulant est bien sûr fondamental. Mais, sur la base de tous ces acquis, chercher le bonheur ne devient-il pas une quête sans objet ? En effet, « rien ne nous sépare du bonheur, sinon nous-mêmes », sinon le jugement que nous portons sur notre propre existence[161]. Le bonheur n'est-il pas cette *lettre volée* racontée par Edgar Allan Poe ? Cette réalité tellement immédiate est si présente sous nos yeux affairés que l'on finit par la perdre de vue.

Le lien avec l'éco-anxiété n'en devient que trop évident : cessons de nous focaliser sur ces enjeux lointains ou systémiques qui nous font tant de mal, pour nous concentrer sur les initiatives qui nous ressemblent et nous rassemblent.

Cette valorisation des éléments positifs de notre environnement s'inspire du principe de résilience abondamment documenté par Boris Cyrulnik[162]. Ce neuropsychiatre nous rappelle que la résilience est la capacité à vivre, à se développer et à se renforcer en dépit de l'adversité et des épreuves. Les injustices et les obstacles font partie de la vie. Cela ne signifie pas qu'ils sont légitimes ni qu'il faille les accepter. Mais nous y sommes et y serons confronté(e)s de manière inévitable, sans que cette confrontation soit antinomique avec le bien-être et l'épanouissement, qui dépendent également de nous et de notre rapport au monde. Libre à nous de changer de focale, de nous déprendre des constats anxiogènes, pour mieux déployer notre énergie et notre attention vers des actions positives et concrètes[163].

La résilience découle plus d'une transformation de notre regard que d'une suppression du sentiment solastalgique. Tel le papillon qui émerge de la chrysalide, l'éco-anxiété prendra une forme nouvelle, positivée, sublimée. Les passions tristes se transformeront en actes, l'angoisse de l'avenir en projet, et l'*hubris* impuissante en réalisme efficient. Les vulnérabilités d'hier deviendront les atouts de demain. Jusqu'alors confiné à son rôle de spectateur, l'individu deviendra résilient et capable de s'élever, *a minima*, au statut de *spectateur engagé* conscient des enjeux environnementaux et, *a maxima*, à celui d'un acteur œuvrant, à son échelle, à la protection du Vivant. C'est précisément cette volonté – et non cette intention – d'œuvrer, et d'œuvrer ici et maintenant, qui constitue la meilleure façon de tendre vers une éco-anxiété positive en parfaite compatibilité avec une existence heureuse. D'autant plus heureuse si elle est porteuse de sens et ancrée dans un projet.

Dès lors, l'individu *se réalise* en même temps qu'il *réalise*, il potentialise son éco-anxiété lorsqu'il la met au service d'une cause juste et, ce faisant, apprend à être heureux. Cet apprentissage du bonheur ne va pas de soi, tant il est d'abord initiatique et ponctué de passages obligés : conscientiser son éco-anxiété, l'exorciser en la mettant au service de réalisations bénéfiques à soi-même et à la nature, puis apprendre à potentialiser ce perlage de petites victoires écologiques pour enfin accéder à une vie plus heureuse et apaisée.

CONCLUSION

« Une chose est juste lorsqu'elle tend à préserver l'intégrité, la stabilité et la beauté de la communauté biotique. Elle est injuste lorsqu'elle tend à l'inverse. »

Aldo Leopold, *Almanach d'un comté des sables*

En écrivant ce livre, j'espère avoir mis en lumière la richesse de l'éco-anxiété. Ou, plutôt, des éco-anxiétés ; composites, inhibitrices ou poussant à l'action, taraudantes ou apprivoisées. Des éco-anxiétés qui façonnent notre rapport au monde, à autrui et à nous-mêmes. Loin de faire *monde à part*, les personnes solastalgiques disposent au contraire d'une perception holistique et critique de ce dernier. Mais penser différemment, voire en avance de la *doxa* n'a jamais été chose aisée. Les « idéalistes » d'aujourd'hui ne sont-ils pas souvent les visionnaires de lendemains renouvelés ? Le principal tort des éco-anxieux n'est-il pas, au fond, d'avoir potentiellement raison trop tôt et, surtout, tout seuls ? À ce titre, j'encourage le lecteur solastalgique à faire fi du regard des autres et à assumer pleinement ses différences. Se montrer empathique, sensible ou inquiet ne signifie en rien être faible. L'éco-anxiété traduit bien davantage une réelle force de caractère, une grande dose de courage et de résilience, permettant de prendre la mesure de la situation environnementale.

La sagesse solastalgique a vocation à penser et à vivre avec les changements en cours ou qui se profilent. Ceux d'entre nous qui y parviendront deviendront *antifragiles* – ainsi que l'écrit Nassim N. Taleb[164] –, c'est-à-dire capables de se réaliser dans un contexte d'incertitude extrême, voire de crise, de s'adapter avec agilité à des mutations profondes et imprévisibles. Le logiciel éco-anxieux nous rend paradoxalement plus résistants face aux « cygnes noirs » et donc mieux préparés psychologiquement face à des événements brutalement existentiels comme la pandémie de coronavirus. À cette aptitude à s'avancer dans l'inconnu avec

quelques certitudes lorsque survient \
s'ajoute la capacité des individus éco-anx.
remettre en question, à penser et agir autrement,
notamment pour porter une voix et des valeurs
fondamentalement différentes de celles que véhicule et récompense notre société.

La Grande Accélération

Les valeurs et les engagements auxquels les personnes éco-anxieuses attachent tant d'importance se voient en effet battus en brèche depuis des décennies par le tourbillon de la *Grande Accélération*. Cette période, largement documentée[165], est intervenue dans la deuxième moitié du XXe siècle. Elle se caractérise par une croissance démographique sans précédent et une intensification des activités humaines. La Grande Accélération nous a conduits à une surconsommation massive du patrimoine naturel peu ou non renouvelable, contribuant à mettre la planète dans un état de stress inédit. Ce stress se répercute inévitablement sur l'Homme, comme l'illustre la pandémie du coronavirus, dont l'émergence a probablement été favorisée par la destruction de la biodiversité[166]. La déforestation et le trafic d'animaux sauvages contribuent à mettre l'homme et les animaux domestiques en contact avec des espèces qu'ils ne côtoieraient pas si le monde naturel était respecté. Ces espèces sauvages sont porteuses d'agents infectieux qui, une fois la barrière d'espèce rompue, contaminent l'Homme, avec les conséquences que l'on connaît. Dans un monde globalisé, la libre circulation ne s'applique pas qu'aux individus, aux marchandises et aux capitaux. Elle s'étend également aux agents infectieux et aux catastrophes naturelles. Apprendre à respecter la Nature et le Vivant, à en prendre soin, s'apparente donc bel et bien à une question de survie.

Puisse ce constat ne pas rester lettre morte et de réelles mesures préventives être prises, à commencer par une sanctuarisation du monde sauvage et sa mise à l'abri de l'accélération de l'Histoire telle qu'elle est orchestrée par les hommes. Celle-ci a beau avoir créé quelques gagnants de court terme au travers de certains de ses avatars les plus visibles – digitalisation, internet, révolution des transports dopée par l'énergie carbonée à bas prix –, elle a également produit de nombreux laissés-pour-compte, à commencer par les personnes sensibles à l'évolution de leur planète. Pour elles, l'éco-anxiété, encore insuffisamment cartographiée, mais déjà si répandue, est en passe de devenir le nouveau mal du siècle.

CONCLUSION

Une question d'éthique et de droit

Les questions relatives à l'environnement et à sa préservation sont traditionnellement abordées sous un angle scientifique, politique, économique, juridique ou sanitaire. Il subsiste néanmoins un autre angle, pourtant fondamental, qui n'est paradoxalement pris en considération qu'à de très rares occasions lorsque l'on réfléchit à notre avenir environnemental commun. Cet angle, c'est celui de l'*éthique* de nos actions et de nos choix collectifs et individuels. Si la population du globe vivait et consommait comme les Français, elle consommerait l'équivalent des capacités de régénération des ressources biologiques de 2,9 Terre[167]. Pour une personne éco-anxieuse, une telle donnée contribue à renforcer la culpabilité liée à l'impression de nuire, de *mal* faire. En effet, face à ce type d'information, l'on a tôt fait de se poser légitimement la question suivante : est-il *moral* de laisser sciemment à nos enfants une planète moins hospitalière que celle que nous connaissons aujourd'hui ? À ce titre, Hans Jonas nous enjoint de faire notre possible pour que « les effets de [notre] action soient compatibles avec la permanence d'une vie authentiquement humaine sur terre ». Notre éphémère passage sur terre ne devrait-il pas s'accompagner de devoirs et d'un impératif catégorique de faire le bien ou, au minimum, de ne pas nuire ? Ne devrions-nous pas contribuer à l'« état harmonieux entre les hommes et la Terre », que l'écologue Aldo Leopold appelle de ses vœux ?

Ces questionnements, ce rapport au monde, à la morale et à la responsabilité, j'en ai probablement hérité pour partie lors de mon cursus de médecin. J'ai en effet accompli mon premier stage d'interne dans le centre d'éthique clinique de l'hôpital Cochin à Paris. J'y ai appris les piliers fondateurs de l'éthique médicale, parmi lesquels figurent les principes de bienfaisance et de non-malfaisance qui guident l'action de chaque professionnel de santé au cours de sa carrière. J'y ai compris que notre attitude dominatrice et prédatrice vis-à-vis du monde vivant s'inscrit à l'encontre de ces principes éthiques qui fondent notre humanité[168]. De cette prédation découle le sentiment d'immoralité de certaines actions humaines que ressentent les personnes éco-anxieuses. Il s'avère donc fondamental de réapprendre le sens des *limites*[169] : limites de notre « pouvoir » de transformer et de posséder le vivant ; mais également limites de la planète, qu'il ne faut à aucun prix dépasser, pour que l'humanité continue de bénéficier d'un espace de développement sûr et décent[170].

CONCLUSION

En effet, la stabilité du système Terre repose sur des processus biophysiques régulateurs, à l'image d'un corps humain dont le bon fonctionnement et l'homéostasie dépendent de l'équilibre de chaque paramètre, de notre température interne à notre fréquence cardiaque. Notre grand corps planétaire voit actuellement l'ensemble de ses paramètres modifiés à des degrés de gravité divers et préoccupants, tant de la « santé » de la planète dépend la nôtre, comme le rappelle la notion de « santé planétaire[171] », qui met en lumière l'interdépendance existant entre soutenabilité humaine et soutenabilité des systèmes naturels.

Un autre principe cardinal de l'éthique médicale est celui de justice. En d'autres termes, nos habitudes, nos valeurs, sont-elles justes au regard du nouvel éclairage scientifique sur la situation environnementale dont nous disposons actuellement ? Reprenons la métaphore du grand corps planétaire : notre planète a déjà de la fièvre en raison du réchauffement climatique. Sera-t-elle demain déshydratée, asphyxiée, intoxiquée au point d'en arriver au collapsus ? À l'aune de ce constat, existe-t-il quelque valeur plus juste ou éthique que le respect du monde vivant, de notre propre humanité ? De plus, est-il juste d'infliger un *préjudice* d'éco-anxiété aux personnes solastalgiques ? Pour mémoire, le préjudice d'anxiété existe en droit civil français. Il fait référence à l'inquiétude permanente ressentie par certains travailleurs qui sont confrontés au risque de déclarer une maladie liée à leur exposition professionnelle, historiquement à l'amiante. Depuis septembre 2019, la Cour de cassation a élargi le préjudice d'anxiété à tout salarié exposé à une substance à risque pour sa santé. Cette jurisprudence signifie que l'inquiétude de développer une pathologie après avoir été exposé à un risque est intrinsèquement suffisante pour justifier une indemnisation, fût-ce en l'absence de maladie déclarée, et quand bien même l'activité de l'entreprise, et donc le facteur de risque, s'avéreraient tous deux parfaitement légaux.

C'est précisément dans cette logique que, à l'été 2019, la France, qui ne respecte pas les niveaux réglementaires européens de certains polluants atmosphériques comme le dioxyde d'azote et les particules fines, s'est vue pour la première fois de son histoire reconnue coupable d'une faute à même d'engager sa responsabilité par des tribunaux administratifs. Il n'existe ainsi aucun obstacle juridique au dépôt de plaintes pour préjudice d'éco-anxiété, dont le spectre balaie non seulement l'inquiétude liée aux conséquences de la pollution sur notre santé, mais aussi l'impact négatif du changement environnemental global sur notre bien-être. En d'autres termes, l'extension du préjudice d'anxiété à celui d'éco-anxiété n'aurait rien d'illogique. En témoigne la plainte[172] déposée le 23 septembre 2019 auprès du Comité des droits de l'enfant à Genève par seize enfants et adolescents originaires de douze pays, qui considèrent que « leur avenir est en train d'être détruit » en même temps que la planète. Cette plainte, qui vise cinq États – la France, l'Allemagne, l'Argentine, le Brésil et la Turquie –, a pour fondement l'inaction des gouvernements en matière d'environnement et de climat, laquelle entrerait selon les plaignants en contradiction avec la Convention de l'ONU sur les droits de l'enfant. Dans cette plainte, l'éco-anxiété et les conséquences du changement climatique en termes de santé mentale sont très largement mises en avant. Le droit est ici la « force des faibles », et donc des êtres vivants dans leur ensemble. Des êtres vivants qu'il importe de protéger, notamment contre des comportements éco-irresponsables qui confondent liberté individuelle et fait du prince.

Sceller un contrat avec le Vivant

Une analyse lucide des faits laisse cependant peu de place à l'optimisme en matière de protection effective de l'environnement et du Vivant. Dans ces conditions, nous faut-il perdre espoir en le pragmatisme du législateur et douter du courage du politique ? Certaines réformes, pourtant clivantes, n'ont-elles pas été adoptées parce qu'elles étaient jugées nécessaires d'un point de vue sanitaire ? Rappelons-nous par exemple de l'interdiction de fumer dans les lieux publics : quelles protestations, au nom de la liberté individuelle, n'a-t-on pas entendues de la part de soi-disant tenants de l'interdiction d'interdire ? Nous nous félicitons pourtant aujourd'hui de la légitimité de cette mesure de santé publique, au même titre que de l'interdiction de l'amiante au profit d'autres isolants.

Il conviendrait désormais que l'écologie ne restât plus l'éternel parent pauvre du politique et du législateur. À ce titre, la France dispose d'une Charte de l'environnement rédigée en 2004 et intégrée à la Constitution en 2005. Cette charte se place au sommet de la hiérarchie des normes et des règles juridiques, position apicale au sein de l'arsenal législatif impliquant que les dix articles qui la constituent prévalent sur les autres composantes du droit français. L'article premier de la charte précise que « chacun a le droit de vivre dans un environnement équilibré et respectueux de la santé », le deuxième que « toute personne a le devoir de prendre part à la préservation et à l'amélioration de l'environnement ». Sur le plan législatif, tout semble donc réuni pour permettre un plus grand respect de la santé et de l'environnement.

Pour autant, cette charte s'apparente à une vaine association de mots, à une sympathique déclaration d'intention demeurée lettre morte. Les droits et les priorités des individus, des entreprises, et globalement de tous les acteurs socio-économiques, supplantent en nombre et en force les devoirs environnementaux qui leur incombent. De même qu'un projet ne saurait se concevoir qu'avec un financement afférent (à moins de vivre à crédit), un avantage ou un droit ont-ils vocation à se voir concédés sans contrepartie environnementale (à moins d'hypothéquer notre avenir écologique) ? Il importerait peut-être de signer un contrat avec le Vivant, un « contrat naturel », eût dit Michel Serres, ou, plus précisément, un « contrat de symbiose ». Dans un monde sous-tendu par un tel contrat, les êtres vivants deviennent des sujets de droit, ils acquièrent une existence légale en même temps qu'un droit à l'intégrité, à l'existence, à la protection contre les déprédations et l'exploitation humaines. De *saignée*, la nature devient *soignée*. Reconnaître des droits au Vivant, c'est se reconnaître en lui, c'est étendre la sacralisation de la vie humaine aux êtres vivants dans leur ensemble. Puisse le contrat naturel de Michel Serres ne pas demeurer un vœu pieux, un idéal de philosophe.

Pour l'heure, si contrat il y a, il reste démesurément en notre faveur. Le droit environnemental se voit souvent sacrifié sur l'autel de préoccupations plus court-termistes comme la protection du pouvoir d'achat. Là où la loi présente un cadre contraignant ou protecteur dans quasiment tous les compartiments de notre vivre-ensemble – travail, logement, etc. –, elle semble avoir déserté l'environnement, qui conditionne pourtant l'existence de nos emplois et de notre habitat.

Nous sommes en effet en compétition pour des emplois et des logements, et le droit offre un cadre pour que cette compétition soit le moins biaisée possible et surtout pacifique. Sans loi et sans droits pour régir notre rapport au Vivant, nous serons peut-être un jour en compétition pour de la nourriture et pour de l'eau. Et dans cette nouvelle forme de compétition sans foi ni loi, il n'y aura que des perdants. Dans ce contexte où le législateur aura rejoint la liste, bien longue, des espèces éteintes, la raison du plus fort tiendra lieu de baromètre des interactions sociales, sans doute devenues nettement plus violentes. Sauf erreur de ma part, je ne suis pas certaine qu'il s'agisse là d'une perspective particulièrement désirable. Le légal, fût-il parfois velléitaire, représentera, je l'espère, ce pis-aller que tant d'éco-anxieux appellent de leurs vœux, ce moyen d'action imparfait mais vital sur le champ de bataille de l'écologie, de la préservation de ce qu'il reste du Vivant et notamment des espèces animales. Des voix s'élèvent par exemple en faveur de la reconnaissance de l'écocide. En criminalisant les atteintes aux systèmes naturels – et par là même, à l'Homme –, l'inscription de l'écocide dans la loi constituerait une avancée certaine pour les droits de la nature et du monde sauvage. Néanmoins, la route est encore longue pour définir et délimiter précisément l'écocide, le cadrer légalement et l'appliquer sans faillir. D'ici là, tâchons de tirer le meilleur parti des législations en vigueur dont nous disposons en matière de droit environnemental. Ce recours au droit contribuera à changer notre perception de la nature et de ses habitants, lesquels ne seront plus considérés comme une *res nullius* (une chose qui n'appartient à personne), mais comme une *res communis* (un patrimoine commun et universel) à chérir et à protéger[173]. Et qu'à cela ne tienne, en l'absence de contrat juste avec la nature, il reste en notre pouvoir, et notamment en celui des personnes éco-anxieuses, de traiter cette dernière avec égards, de considérer ses habitants comme des sujets de droit moral à défaut d'être légal. À notre charge de nous appliquer cet impératif catégorique de respect du Vivant, de non-violence vis-à-vis de nos *ego alter*, et, pour citer Michel Serres, de tâcher de vivre en symbiose avec le Vivant, à notre échelle.

Les animaux, grands oubliés de l'histoire

La « dodoïsation » programmée du monde animal reste une cause fondamentale de l'éco-anxiété ressentie par nombre d'entre nous. Le devenir des animaux, l'effondrement massif des espèces et le traitement qu'on leur réserve constituent à la fois l'élément déclencheur et le facteur de continuation de la solastalgie de bien des individus. Surtout, ces réalités font partie des habitudes communément tolérées, voire acceptées par une majorité d'entre nous. Autrement dit, nous tolérons ou acceptons la souffrance animale, car elle nous semble normale, dans l'ordre des choses, naturelle parce qu'ayant existé de tout temps. En effet, comme le rappelle fort justement Aurélien Barrau, ne sous-estimons pas la force de l'habitus dans la continuation des erreurs du passé et de la tolérance à l'inacceptable. Cette acceptation du *statu quo* est à peine

CONCLUSION

caricaturale et fait partie de ces contresens éthiques qui se prolongent indéfiniment, de ces contrevérités largement admises parce que séculaires.

Quand Hegel nous dit que l'individu acquiert son humanité en transformant la nature par le travail, il me semble qu'il s'agit d'une vision du monde aujourd'hui dépassée : il ne s'agit plus d'acquérir notre humanité en transformant la nature ou en nous en désolidarisant, mais de sauver notre peau en la réhabilitant, à commencer par les animaux. Ces derniers sont les naufragés des Lumières en général et de Descartes et de sa conception réifiante du Vivant en particulier. Sa théorie bien connue de l'*animal-machine* aura créé bien des adeptes chez les humains et des martyrs parmi les animaux. Disséqués *in vivo*, leurs hurlements représentaient selon Descartes les grincements de rouages mal graissés, leurs réactions face à la douleur des réflexes inconscients.

Il est bien sûr facile de relire le passé à la lumière du présent et du recul cognitif qu'il procure, aussi me garderai-je de juger des limites de la pensée cartésienne. D'autant plus que cette dernière est d'une actualité qui ne se dément pas, comme l'atteste la manière dont nous traitons le monde sauvage et la majorité des animaux d'élevage. « Maîtres et possesseurs de la nature », nous le sommes en effet plus que jamais. Sur ce point, l'auteur du *Discours de la méthode* avait vu juste – ce que nous verrons aussi lorsque nous comprendrons l'ampleur de notre erreur originelle dans notre rapport au Vivant. Même les plus petits vertébrés rejoignent progressivement le « club » des animaux doués de sentiments, d'émotions et de plaisirs complexes. Ainsi une étude récente a-t-elle démontré que les rats jouent et batifolent pour le simple plaisir ludique du jeu[174], à l'instar de grands mammifères, d'animaux de compagnie ou de nous-mêmes ! « Le jour où l'on comprendra qu'une pensée sans langage existe chez les animaux, nous mourrons de honte de les avoir enfermés dans des zoos et de les avoir humiliés par nos rires », prophétise Boris Cyrulnik.

Le poids de cette honte, les individus éco-anxieux le supportent seuls ou presque. Pourtant, ces derniers ne sauront racheter et réparer seuls notre faillite collective vis-à-vis du monde animal. Les personnes solastalgiques ne sauraient demeurer éternellement ces cariatides condamnées à supporter le fardeau moral de la majorité. Une majorité d'individus que j'espère un jour plus instruits sur l'état du monde et la souffrance du Vivant, et donc plus responsables et conscients des changements à apporter à la manière dont ils consomment aujourd'hui la planète et sa faune. Si, comme le rappelait Gandhi, l'« on reconnaît le degré de civilisation d'un peuple à la manière dont il traite ses animaux », le chemin vers un plus grand respect à l'égard de ces derniers est encore long. Essayons, à notre échelle et graduellement, de considérer les animaux, notamment les insectes, qui disparaissent chaque année par milliards, comme des voisins et des compagnons d'infortune. Ainsi, la vision rétrograde et périmée d'un monde animal et végétal perçu comme une ressource à exploiter et une variable d'ajustement à moduler disparaîtra peut-être. Nous éviterons de banaliser l'extinction en chaîne d'espèces animales dont le dodo constitua un triste cas d'« espèce » qui en précéda beaucoup d'autres.

Le principe d'anticipation

Limiter cette perte de biodiversité et l'ampleur du réchauffement climatique est encore possible. D'après le rapport du GIEC d'octobre 2018, il nous reste une dizaine d'années pour inverser la tendance des émissions de gaz à effet de serre et éviter ainsi un emballement irréversible du système climat. À ce titre, n'est-il pas stimulant de nous dire que nous avons l'opportunité de nous atteler à la résolution du défi du siècle ? Nous portons en effet la lourde responsabilité de profiter de cette fenêtre d'opportunité d'une décennie, de ce véritable *kairos climatique*, pour poser les termes du problème et œuvrer collectivement à sa résolution afin de construire une société soutenable et viable sur le long terme. Cette opportunité de limiter l'ampleur du réchauffement climatique et d'enrayer la disparition des espèces animales et végétales est un luxe dont ne disposeront vraisemblablement pas les générations futures. Mériter notre grand nom d'*Homo sapiens* – étymologiquement, « homme sage », raisonnable – passe notamment par la mise en œuvre d'un véritable *principe d'anticipation*. Ce dernier repose sur le constat que l'indéfinition d'une menace ne signifie pas son inexistence. Son application nous permettrait d'anticiper les conséquences des changements environnementaux globaux et de nous y adapter. Pour Hans Jonas, dont les réflexions contribuèrent à poser les bases philosophiques du principe de précaution, « le savoir devient une obligation prioritaire ». Sur ce fondement, tâchons d'élaborer un principe d'anticipation efficace et concret, qui formalisera la *nécessité de prévenir* aujourd'hui pour éviter de *guérir* demain, d'*investir* en période calme pour ne pas *surdépenser* en temps de crise.

Nous avons été pris de court lors de l'émergence de la Covid-19, le serons-nous par la montée en puissance des catastrophes environnementales ?

CONCLUSION

Nous l'avons constaté avec cette pandémie, les pays à revenus élevés, en dépit de leur maîtrise technologique et digitale, ne sont pour la plupart pas en mesure de faire face à des événements imprévus et soudains. Cette inaptitude à anticiper ces « cygnes noirs » nous expose à des situations de sur-accident lorsque des aléas successifs ou concomitants, climatiques ou sanitaires, frapperont nos sociétés. Seul un réel principe d'anticipation permettra d'éviter que ces virtualités ne deviennent réalité. Pour être efficace, le principe d'anticipation ne saurait se résumer à une déclaration d'intention ou n'exister que le temps d'une mandature. Il devra donc se doubler d'un arsenal législatif, de financements, de réalisations et de stocks spécifiques. Au même titre que le principe de précaution, le principe d'anticipation se verra sans aucun doute remis en question fréquemment et la tentation sera grande de passer outre. De l'importance de sensibiliser le plus grand nombre aux enjeux environnementaux et à leurs conséquences.

L'éco-anxiété, un nouvel humanisme plus inclusif ?

En plus de tenir lieu de facteur déterminant du principe d'anticipation, une éco-anxiété positive, portée vers l'action et documentée, peut devenir une véritable philosophie de vie. Elle pourrait contribuer à remodeler profondément l'ordre des priorités au sein de notre société. Plus spécifiquement, elle a le potentiel d'aboutir à un nouvel humanisme, plus inclusif, c'est-à-dire centré sur le Vivant dans son ensemble et non seulement sur l'Humain. En effet, avec la diffusion du sentiment solastalgique, la revalorisation de la place de l'Homme qui a prévalu pendant la Renaissance et les Lumières pourrait évoluer et trouver son aboutissement dans le replacement du monde vivant au centre de l'échiquier des valeurs et des priorités. La solastalgie incarne ce souhait de renouveau, ce besoin de repenser la place de l'Homme dans la grande fresque du vivant, au travers d'une approche plus ouverte et *désanthropocentrée*.

En cherchant à réenchanter notre société et ses valeurs, certains individus éco-anxieux sont, à certains égards, empreints d'une philosophie du renouveau qui a inspiré de grands humanistes de la Renaissance. Comme eux, ils aspirent à se libérer d'acceptions obsolètes et à mettre à bas certaines idoles d'un autre âge. Comme eux, ils souhaitent repenser notre système de valeurs et réhabiliter certains paradigmes originels en voie de disparition, quitte à s'attirer le scepticisme ou la défiance de leurs contemporains. Ce nouvel humanisme solastalgique ne s'imposera pas de lui-même, tant les vents contraires qui le menacent sont puissants et nombreux. Qu'importe si les mentalités évoluent lentement, dès lors qu'elles avancent dans la bonne direction, tant la concrétisation de ce nouveau rapport au Vivant, profondément pacifique, universaliste et respectueux de l'écosphère, constitue une priorité essentielle pour nombre de personnes, éco-anxieuses ou simplement désireuses qu'un peu de bienveillance fût concédée à tout ce qui n'est pas « nous ».

Retour aux sources

Cette bienveillance à l'égard de la nature, j'aimerais la transmettre à mon fils dès son plus jeune âge, par petites touches, sous forme de loisirs. L'empathie venant pour partie avec la connaissance, peut-être développera-t-il ce respect du monde vivant et l'envie de le protéger. Dans cette perspective, et parce que ce lieu constitue un cadre magique et inoubliable pour un jeune enfant, je suis retournée avec lui au Muséum national d'histoire naturelle, lieu de mon épiphanie écologique.

Vingt-trois années ont passé, mon dodo est toujours là et il n'a pas pris une ride. Il trône encore, fier, mélancolique, à peine remarqué par les visiteurs du jour. Détruit lors de l'arrivée de l'homme et statufié pour l'éternité, j'appréhende qu'il soit bientôt rejoint par d'autres espèces ; que le cercle des animaux disparus se peuple bientôt des girafes, des éléphants d'Afrique, des pangolins et d'une myriade d'espèces, plus méconnues mais non moins précieuses, sur le point d'être dodoïsées. Dans quelques années, lorsqu'il sera en âge de s'exprimer, mon fils me dira peut-être « dessine-moi un rhinocéros », faute de pouvoir le contempler dans un documentaire ou un film récent. Que lui répondrai-je alors ? Que les parties de chasse de quelques touristes fortunés et les assauts de braconniers sans scrupules ont eu raison des derniers spécimens ? Ou que, comme la licorne, le rhinocéros avec sa corne acérée n'est qu'un animal légendaire ? Je vous souhaite de savoir trouver les mots pour expliquer ce genre de réalité à vos Petits Princes et vos Petites Princesses. Une autre fin est néanmoins possible. Certes plus improbable, mais qui est là, à portée de main, sous réserve qu'on la veuille et que l'on se donne les moyens de l'atteindre. Une fin peuplée de rhinocéros et d'éléphants qui donnerait à n'en point douter le sourire aux personnes éco-anxieuses.

Ce droit à l'espoir a un prix, celui de l'engagement, de l'action et de la résilience. Nous ne sauverons pas les rhinocéros et les éléphants à nous seuls, ni n'infléchirons la courbe des températures ou la déforestation par la seule force de notre volonté et de notre détermination. En revanche, ne nous interdisons pas d'espérer et donc d'agir vertueusement pour la planète, à notre échelle, afin de nous réapproprier notre destin écologique. Si la somme de ces comportements vertueux permet d'enclencher une prise de conscience globale, nous autres éco-anxieux et éco-anxieuses, nous serons fiers et fières d'avoir transformé notre angoisse en espérance, notre espérance en courage, et d'avoir joué un rôle, fût-il infime, dans ce formidable sauvetage.

BIBLIOGRAPHIE

1. A. Desbiolles, C. Roudier *et al.*, « Cancer Incidence in Adults Living in the Vicinity of Nuclear Power Plants in France, Based on Data from the French Network of Cancer Registries », *International Journal of Cancer*, vol. 142, n° 5, 2018, p. 899-909.
2. S. Tesson, *La Panthère des neiges*, Gallimard, 2019, p. 75.
3. P. Hadot, *La Philosophie comme manière de vivre. Entretiens avec Jannie Carlier et Arnold I. Davidson*, Albin Michel, 2001.
4. D. Bonnault, *Pierre Hadot et le sentiment océanique*, mémoire de Master 2 de philosophie, sous la direction de L. Jaffro, 2016.
5. J.-M. Jancovici, *L'Avenir climatique. Quel temps ferons-nous ?*, Seuil, 2002.
6. J. Diamond, *Effondrement. Comment les sociétés décident de leur disparition ou de leur survie*, Gallimard, 2006.

7. N.N. Taleb, *Jouer sa peau. Asymétries cachées dans la vie quotidienne*, Les Belles Lettres, 2017.
8. Organisation des Nations unies, rapport *Perspectives de la population dans le monde 2019*.
9. « World Scientists' Warning of a Climate Emergency », *BioScience*, vol. 70, n° 1, 2020, p. 8-12.
10. G. Iacobucci, « Planetary Health: WONCA Urges Family Doctors to Commit to Action », *British Medical Journal*, vol. 364, 2019.
11. P. Sloterdijk, *Après nous, le déluge*, Payot, 2016.
12. J.-L. Cassely, J. Fourquet, « La France : patrie de la collapsologie ? », Fondation Jean-Jaurès-Ifop, 2020.
13. IPCC, *Climate Change 2014. Synthesis Report*, Contribution of Working Groups I, II and III to the Fifth Assessment Report of the Intergovernmental Panel on Climate Change, R.K. Pachauri, L.A. Meyer (éd.), p. 151.
14. W. Steffen, J. Rockström *et al.*, « Trajectories of the Earth System in the Anthropocene », *Proceedings of the National Academy of Sciences of the United States of America*, vol. 115, n° 33, 2018, p. 8252-8259.
15. P. Servigne, R. Stevens, *Comment tout peut s'effondrer. Petit manuel de collapsologie à l'usage des générations présentes*, Seuil, 2015.
16. P. Servigne, R. Stevens, G. Chapelle, *Une autre fin du monde est possible. Vivre l'effondrement (et pas seulement y survivre)*, Seuil, 2018.
17. G. Albrecht, G.M. Sartore *et al.*, « Solastalgia : the Distress Caused by Environmental Change »,

Australasian Psychiatry, vol. 15, suppl. 1:S95-8, 2007.
18. M. Hendryx, K.A. Innes-Wimsatt, « Increased Risk for Depression for People Living in Coal Mining Areas of Central Appalachia », *Ecopsychology*, vol. 5, n° 4, 2013, p. 179-187.
19. D. Eisenman, S. McCaffrey *et al.*, « An Ecosystems and Vulnerable Populations Perspective on Solastalgia and Psychological Distress After a Wildfire », *EcoHealth*, vol. 12, n° 4, 2015.
20. D. Bélanger, C. Campagna *et al.*, *Changements climatiques et santé : Prévenir, soigner et s'adapter*, Presses de l'Université Laval, 2019.
21. Intergovernemental Panel on Climate Change, « Global Warming of 1,5 °C » : https://www.ipcc.ch/sr15/
22. L. Page, S. Hajat, R. Kovats, « Relationship between Daily Suicide Counts and Temperature in England and Wales », *The British Journal of Psychiatry*, vol. 191, n° 2, 2007, p. 106-112.
23. N. Ding, H.L. Berry, C.M. Bennett, « The Importance of Humidity in the Relationship between Heat and Population Mental Health : Evidence from Australia », *PLoS One*, vol. 11, n° 10, 2016.
24. D. Kanikowska, M. Roszak *et al.*, « Seasonal Differences in Rhythmicity of Salivary Cortisol in Healthy Adults », *Journal of Appled Physiology*, vol. 126, 2019, p. 764-770.
25. N. Watts, W.N. Adger *et al.*, « Health and Climate Change: Policy Responses to Protect Public

Health », *The Lancet Commission*, vol. 386, n° 10006, 2015, p. 1861-1914.
26. G. Albrecht, *Les Émotions de la Terre*, Les Liens qui libèrent, 2019.
27. S.P. MacSuibhne, « What Makes "a New Mental Illness" ? The Cases of Solastalgia and Hubris Syndrome », *Cosmos and History : The Journal of Natural and Social Philosophy*, vol. 5, n° 2, 2009.
28. Expertise collective de l'Inserm, « Stress au travail et santé : situation chez les indépendants », 2011.
29. S. Chetty, A.R. Friedman *et al.*, « Stress and Glucocorticoids Promote Oligodendrogenesis in the Adult Hippocampus », *Molecular Psychiatry*, vol. 19, 2014, p. 1275-1283.
30. J.-R. Ghadri, I.S. Wittstein, « International Expert Consensus Document on Takotsubo Syndrome (Part I). Clinical Characteristics, Diagnostic Criteria, and Pathophysiology », *European Heart Journal*, vol. 39, 2018, p. 2032-2046.
31. P. Chefurka, « Climbing The Ladder of Awareness », 2012. Article issu de son blog « Approaching the limits to growth ».
32. C. Debest, M. Mazuy et l'équipe de l'enquête Fecond, « Rester sans enfant : un choix de vie à contre-courant », *Population et Sociétés*, Institut national d'études démographiques, vol. 508, 2014.
33. M. Mazuy, M. Barbieri *et al.*, « L'évolution démographique récente de la France et ses tendances depuis 70 ans », *Population*, Institut national d'études démographiques, vol. 70, n° 3, 2015, p. 417-486.

34. C. de Pierrepont, J. Lévy, « L'infécondité volontaire : motivations et enjeux de transmission dans un forum de discussion », *Anthropologie et sociétés*, vol. 41, n° 2, 2017, p. 175-199.
35. China Center for Climate Change Communication, *Climate Change in the Chinese Mind Survey Report*, 2017.
36. U.A. Kelly, « Learning to Lose : Rurality, Transience, and Belonging (a Companion to Michael Corbett) », *Journal of Research in Rural Education*, vol. 24, n° 11, 2009.
37. N. Higginbotham, L. Connor *et al.*, « Validation of an Environmental Distress Scale », *EcoHealth*, vol. 3, 2006, p. 245-254.
38. W.H. Canu, J.P. Jameson *et al.*, « Mountaintop Removal Coal Mining and Emergent Cases of Psychological Disorder in Kentucky », *Community Mental Health Journal*, vol. 53, 2017, p. 802-810.
39. P. Begg, S. Thompson, « Tackling Solastalgia : Improving Pathways to Care for Farming Families », in R. Giles, I. Epstein, A. Vertigan (éd.), *Clinical Data Mining in an Allied Health Organization : A Real World Experience*, Sydney University Press, 2011, p. 83-100.
40. A. Jardine, P. Speldewinde *et al.*, « Dryland Salinity and Ecosystem Distress Syndrome: Human Health Implications », *EcoHealth*, vol. 4, n° 1, 2007, p. 10-17.
41. A.C. Willox, S.L. Harper *et al.*, « The Land Enriches the Soul : On Climatic and Environmental Change,

Affect, and Emotional Health and Well-being in Rigolet, Nunatsiavut, Canada », *Emotion, Space and Society*, vol. 6, 2013, p. 14-24.
42. A.C. Willox, S.L. Harper *et al.*, « From this Place and of this Place: Climate Change, Sense of Place, and Health in Nunatsiavut, Canada », *Social Science & Medicine*, vol. 75, n° 3, 2012, p. 538-547.
43. P. Tschakert, R. Tutu *et al.*, « Embodied Experiences of Environmental and Climatic Changes in Landscapes of Everyday Life in Ghana », *Emotion, Space and Society*, vol. 7, 2013, p. 13-25.
44. K.E. McNamara, R. Westoby, « Solastalgia and the Gendered Nature of Climate Change : An Example from Erub Island, Torres Strait », *EcoHealth*, vol. 8, n° 2, 2011, p. 233-236.
45. P. Pihkala, *Climate Anxiety*, MIELI Mental Health Finland, 2019.
46. L. Head, T. Harada, « Keeping the Heart a Long Way from the Brain : The Emotional Labour of Climate Scientists », *Emotion, Space and Society*, vol. 24, 2017, p. 34-41.
47. F. Otto, *La Fureur du temps. Enquête au cœur du changement climatique*, Tana, 2019.
48. S. Clayton, « Mental Health Risk and Resilience among Climate Scientists », *Nature Climate Change*, vol. 8, 2018, p. 260-261.
49. Sondage Ipsos, « Les Français face au changement climatique », 2015.
50. Sondage Ifop-Fiducial, « Les Français et le réchauffement climatique », octobre 2018, échantillon de 1 013 personnes, interrogées selon la méthode des quotas.

51. « La perception des risques et de la sécurité par les Français », Baromètre de l'Institut de radioprotection et de sûreté nucléaire (IRSN), 2020.
52. Service public fédéral Santé publique, Sécurité de la chaîne alimentaire et environnement, *Enquête sur le climat*, 2017.
53. A. Gustafson, P. Bergquist *et al.*, « A Growing Majority of Americans Think Global Warming Is Happening and Are Worried », Yale University and George Mason University, Yale Program on Climate Change Communication, 2019.
54. T.M. Lee, E.M. Markowitz *et al.*, « Predictors of Public Climate Change Awareness and Risk Perception Around the World », *Nature Climate Change*, vol. 5, 2015, p. 1014-1020.
55. A. Koschmieder, L. Brice-Masencal, S. Hoibian, « Environnement : les jeunes ont de fortes inquiétudes, mais leurs comportements restent consuméristes », *Consommation et modes de vie*, Centre de recherche pour l'étude et l'observation des conditions de vie (Credoc), n° 308, 2019.
56. A. Sacks, C. Birndorf, *What No One Tells You : A Guide to Your Emotions from Pregnancy to Motherhood*, Simon & Schuster PaperBacks, 2019.
57. D. Stern, N. Bruschweiler-Stern, *The Birth of a Mother*, Basic Books, 1997.
58. E. Fromm, *The Anatomy of Human Destructiveness*, Picador, 1973.
59. E.O. Wilson, *Biophilia*, Harvard University Press, 1984.

60. A. Miralles, M. Raymond *et al.*, « Empathy and Compassion Toward Other Species Decrease with Evolutionary Divergence Time », *Scientific Report*, vol. 9, 19555, 2019.
61. Actualités de Météo-France, « Cet hiver a été le plus chaud jamais mesuré en France ! », 29 février 2020.
62. S.C. Aykut, A. Dahan, *Gouverner le climat ? Vingt ans de négociations internationales*, Les Presses de Sciences Po, 2015.
63. C. Dugast, A. Soyeux, « Faire sa part ? Pouvoir et responsabilité des individus, des entreprises et de l'État face à l'urgence climatique », Carbon 4, 2019.
64. T. Porcher, H. Landes, *Le Déni climatique*, Max Milo, 2015.
65. G. Lipovetsky, *Le Crépuscule du devoir*, Gallimard, 1992.
66. N. Rive, « Climate Policy in Western Europe and Avoided Costs of Air Pollution Control », *Economic Modelling*, vol. 27, n° 1, 2010, p. 103-115.
67. A. Balmford, A. Bruner *et al.*, « Economic Reasons for Conserving Wild Nature », *Science*, vol. 297, n° 5583, 2002, p. 950-953.
68. R. Revelle, H.E. Suess, *Carbon Dioxide Exchange Between Atmosphere and Ocean and the Question of an Increase of Atmospheric CO2, during the Past Decades*, Scripps Institution of Oceanography, University of California, 1957.
69. D. Coen, *EU Lobbying: Empirical and Theoretical Studies*, Routledge, 2007.

70. R. Gifford, « Dragons of Inaction. Psychological Barriers that Limit Climate Change Mitigation and Adaptation », *American Psychologist*, vol. 66, n° 4, 2011, p. 290-302.
71. G. Marshall, *Le Syndrome de l'autruche. Pourquoi notre cerveau veut ignorer le changement climatique*, Actes Sud, 2017.
72. O.P. O'Sullivan, « The Neural Basis of Always Looking on the Bright Side », *Dialogues in Philosophy, Mental and Neuro Sciences*, vol. 8, n° 1, 2015, p. 11-15.
73. A. Jefferson, L. Bortolotti *et al.*, « What is Unrealistic Optimism ? », *Consciousness and Cognition*, vol. 50, 2017, p. 3-11.
74. C. Anderson, B. Bushman *et al.*, « Screen Violence and Youth Behavior », *Pediatrics*, vol. 140, S142, 2017.
75. B. Lombart, *De la cécité empathique transitoire à la prudence dans les soins. Au sujet de la contention lors des soins en pédiatrie*, thèse de philosophie sous la direction d'É. Fiat, université Paris-Est, 2016.
76. M.A. Wallach, N. Kogan *et al.*, « Diffusion of Responsibility and Level of Risk Taking in Groups », *The Journal of Abnormal and Social Psychology*, vol. 68, n° 3, 1964, p. 263-274.
77. R. Louv, *Last Child in the Woods : Saving our Children from Nature-Deficit Disorder*, Workman Publishing, 2005.
78. C. Charles, R. Louv, « Children's Nature Deficit : What We Know – and Don't Know », *Children Nature Network*, 2009.

79. C. Simon, C. Klein *et al.*, « La sédentarité des enfants et des adolescents, un enjeu de santé publique », *Journal de pédiatrie et de puériculture*, vol. 18, 2005, p. 217-223.
80. A.-C. Prévot, « Se mobiliser contre l'extinction d'expérience de nature », *Espaces naturels*, Office français de la biodiversité, n° 51, 2015.
81. M. Soga, K.J. Gaston *et al.*, « Both Direct and Vicarious Experiences of Nature Affect Children's Willingness to Conserve Biodiversity », *International Journal of Environmental Research and Public Health*, vol. 13, n° 6, 2016.
82. J.R. Miller, « Biodiversity Conservation and the Extinction of Experience », *Trends in Ecology & Evolution*, vol. 20, n° 8, 2005, p. 430-434.
83. E.M. Selhub, A.C. Logan, *Your Brain on Nature : The Science of Nature's Influence on your Health, Happiness and Vitality*, Wiley, 2012.
84. World Health Organization, « Urban Green Space Interventions and Health : a Review of Impacts and Effectiveness », 2017.
85. K. Meyer-Schulz, R. Bürger-Arndt, « Les effets de la forêt sur la santé physique et mentale. Une revue de la littérature scientifique », *Revue forestière française*, n° 2-4, 2018, p. 243-272.
86. R. Mayes, C. Bagwell *et al.*, « ADHD and the Rise in Stimulant Use Among Children », *Harvard Review of Psychiatry*, vol. 16, n° 3, 2008, p. 151-166.
87. L. Christiansen, M.M. Beck *et al.*, « Effects of Exercise on Cognitive Performance in Children and

Adolescents with ADHD : Potential Mechanisms and Evidence-based Recommendations », *Journal of Clinical Medicine*, vol. 8, n° 6, 2019.
88. P. Lavarde, L. Krieps *et al.*, « L'Observatoire de la qualité de l'air intérieur – Bilan et perspectives », rapport CGEDD n° 012430-01, IGAS n° 2018-085 et IGA n° 18073 R, 2019.
89. B. Salanave, C. Verdot *et al.*, « La pratique de jeux en plein air chez les enfants de 3 à 10 ans dans l'Étude nationale nutrition santé (ENNS, 2006-2007) », *Bulletin épidémiologique hebdomadaire*, n° 30-31, 2015, p. 561-570.
90. Observatoire de l'équipement audiovisuel des foyers français en France métropolitaine, novembre 2018.
91. A. Abbott, « City Living Marks the Brain », *Nature*, vol. 474, 2011, p. 429.
92. D. Söderström, S. Jungo *et al.*, « Densité urbaine et psychose – est-ce que vivre en ville rend schizophrène ? », *Revue médicale suisse*, vol. 9, 2013, p. 1682-1686.
93. I. Alcocka, M.P. White *et al.*, « Associations Between Pro-Environmental Behaviour and Neighbourhood Nature, Nature Visit Frequency and Nature Appreciation : Evidence from a Nationally Representative Survey in England », *Environment International*, vol. 136, 2020.
94. I. Ajzen, « The Theory of Planned Behavior », *Organizational Behavior and Human Decision Processes*, vol. 50, n° 2, 1991, p. 179-211.

95. A.M. McCright, C. Xiao, « Gender and Environmental Concern : Insights from Recent Work and for Future Research », *Society & Natural Resources*, vol. 27, n° 10, 2014, p. 1109-1113.
96. K.M. Norgaard, *Living in Denial : Climate Change, Emotions, and Everyday Life*, The MIT Press, 2011.
97. P. Pihkala, « Eco-anxiety, Tragedy, and Hope : Psychological and Spiritual Dimensions of Climate Change », *Journal of Religion and Science*, vol. 53, n° 2, 2018, p. 545-569.
98. M.C. Villeval, « Contribution aux biens publics et préférences sociales – Apports récents de l'économie comportementale », *Revue économique*, vol. 63, n° 3, 2012, p. 389-420.
99. P. Fischer, J.I. Krueger *et al.*, « The Bystander-Effect : A Meta-analytic Review on Bystander Intervention in Dangerous and Non-Dangerous Emergencies », *Psychological Bulletin*, vol. 137, n° 4, 2011, p. 517-537.
100. B. Latané, J. Darley, « Group Inhibition of Bystander Intervention in Emergencies », *Journal of Personality and Social Psychology*, vol. 10, n° 3, 1968, p. 215-221.
101. P. Lally, C.H.M. van Jaarsveld *et al.*, « How Are Habits Formed : Modelling Habit Formation in the Real World », *European Journal of Social Psychology*, vol. 40, n° 6, 2010, p. 998-1009.
102. J. White, « Habit, Mindfulness, and Simulation : Wiring our Brains for Safety », *Air Medical Journal*, vol. 35, n° 5, 2016, p. 258-259.

103. K. Zwosta, H. Ruge *et al.*, « Habit Strength Is Predicted by Activity Dynamics in Goal-Directed Brain Systems During Training », *NeuroImage*, vol. 165, 2018, p. 125-137.
104. C. Keysers, V. Gazzola, « Social Neuroscience : Mirror Neurons Recorded in Humans », *Current Biology*, vol. 20, n° 8, 2010, p. R353-R354.
105. S. Bohler, *Le Bug humain*, Robert Laffont, 2019.
106. T. Watts, G. Duncan *et al.*, « Revisiting the Marshmallow Test : A Conceptual Replication Investigating Links Between Early Delay of Gratification and Later Outcomes », *Psychological Science*, vol. 29, n° 7, 2018, p. 1159-1177.
107. D. Van Hoorebeke, « L'émotion et la prise de décision », *Revue française de gestion*, vol. 182, 2008, p. 33-44.
108. B. De Martino, D. Kumaran *et al.*, « Frames, Biases, and Rational Decision-Making in the Human brain », *Science*, vol. 313, n° 5787, 2006, p. 684-687.
109. A. Barrau, *Le Plus Grand Défi de l'histoire de l'humanité*, Michel Lafon, 2019.
110. A. Damasio, *L'Erreur de Descartes. La raison des émotions*, Odile Jacob, 2006.
110bis. B. François, *Éloquence de la sardine. Incroyables histoires du monde sous-marin*, Fayard, 2019.
111. World Wildlife Fund (WWF), *Rapport Planète Vivante, océans, espèces, habitats et bien-être humain*, 2015.

112. M. Roche. « Massacre de dauphins aux îles Féroé : mais quelle est cette tradition du "grindadráp" ? », LCI, 30 août 2019.
113. L. Rowlands, « Emotions : How Humans Regulate Them and Why Some People Can't », The Conversation UK, 2018.
114. J. Macy, M.Y. Brown, *Écopsychologie pratique et rituels pour la Terre. Retrouver un lien vivant avec la nature*, Le Souffle d'Or, 2018 (2ᵉ éd.).
115. J.J. Gross, « Emotion Regulation : Affective, Cognitive, and Social Consequences », *Psychophysiology*, vol. 39, 2002, p. 281-291.
116. M. Goyal, S. Singh *et al.*, « Meditation Programs for Psychological Stress and Well-Being : A Systematic Review and Meta-Analysis », *JAMA Internal Medicine*, vol. 174, n° 3, 2014, p. 357-368.
117. S.R. Bishop, « Mindfulness : A Proposed Operational Definition », *Clinical Psychology : Science and Practice*, vol. 11, n° 3, 2004, p. 230-241.
118. M.A. Killingsworth, D.T. Gilbert, « A Wandering Mind Is an Unhappy Mind », *Science*, vol. 330, n° 6006, 2010, p. 932.
119. S.G. Hofmann, A.F. Gómez, « Mindfulness-Based Interventions for Anxiety and Depression », *Psychiatric Clinics of North America*, vol. 40, n° 4, 2018, p. 739-749.
120. L. Bernardi, C. Porta *et al.*, « Cardiovascular, Cerebrovascular, and Respiratory Changes Induced by Different Types of Music in Musicians and Non-musicians : The Importance of Silence », *Heart*, vol. 92, n° 4, 2006, p. 445-452.

121. Agence nationale de sécurité sanitaire de l'alimentation, de l'environnement et du travail, « Évaluation des impacts sanitaires extra-auditifs du bruit environnemental », rapport d'expertise collective, 2013.
122. M. Le Van Quyen, *Cerveau et silence*, Flammarion, 2019.
123. J.D. Creswell, « Mindfulness Interventions », *Annual Review of Psychology*, vol. 68, 2017, p. 491-516.
124. Alain, Propos du 29 juin 1929.
125. C. André, R. Shankland, *Ces liens qui nous font vivre*, Odile Jacob, 2020.
126. P. Servigne, G. Chapelle, *L'Entraide. L'autre loi de la jungle*, Les Liens qui libèrent, 2017.
127. J.H. Fowler, N.A. Christakis *et al.*, « Dynamic Spread of Happiness in a Large Social Network : Longitudinal Analysis over 20 Years in the Framingham Heart Study », *British Medical Journal*, n° 337, a2338, 2008.
128. E. Hatfield, J.T. Cacioppo *et al.*, *Emotional Contagion*, Cambridge University Press, 1994.
129. A. D'Argembeau, A. Mathy, « Tracking the Construction of Episodic Future Thoughts », *Journal of Experimental Psychology*, vol. 140, 2011, p. 258-271.
130. K.W. Brown, R.M. Ryan, « The Benefits of Being Present : Mindfulness and Its Role in Psychological Well-Being », *Journal of Personality and Social Psychology*, vol. 84, n° 4, 2003, p. 822-848.

131. H. Rosa, *Accélération : une critique sociale du temps*, La Découverte, 2013.
132. Équipe de surveillance et d'épidémiologie nutritionnelle (Esen), *Étude de santé sur l'environnement, la biosurveillance, l'activité physique et la nutrition (Esteban) 2014-2016. Volet nutrition. Chapitre Activité physique et sédentarité*, Saint-Maurice : Santé publique France, 2017.
133. Institut de France, Académie des sciences, Académie nationale de médecine, Académie des technologies, *L'enfant, l'adolescent, la famille et les écrans. Appel à une vigilance raisonnée sur les technologies numériques*, 2019.
134. Q. Li, « Effets des forêts et des bains de forêt (shinrin-yoku) sur la santé humaine : une revue de la littérature », *Santé publique*, hors-série, 2019, p. 135-143.
135. T. Plambech, C.C.K. van den Bosch, « The Impact of Nature on Creativity – A Study among Danish Creative Professionals », *Urban Forestry & Urban Greening*, vol. 14, n° 2, 2015, p. 255-263.
136. D. Fancourt, A. Steptoe, « The Art of Life and Death : 14 Year Follow-up Analyses of Associations Between Arts Engagement and Mortality in the English Longitudinal Study of Ageing », *British Medical Journal*, vol. 367, l6377, 2019.
137. H. Rosa, *Résonance. Une sociologie de la relation au monde*, La Découverte, 2018.
138. P. Bonnasse, « Zoroastre et le Feu éternel », *Le Monde des religions*, 2016.

139. F. Lenoir, *Le Miracle Spinoza. Une philosophie pour éclairer notre vie*, Fayard, 2017.
140. M. Ramadier, *Arne Næss. Pour une écologie heureuse*, Actes Sud, 2017.
141. Encyclique *Laudato si* du pape François sur la sauvegarde de la maison commune, 2015.
142. S.R. Weber, K.I. Pargament, « The Role of Religion and Spirituality in Mental Health », *Current Opinion in Psychiatry*, vol. 27, n° 5, 2014, p. 358-363.
143. M.B. Ofstedal, C.T. Chiu, « Religion, Life Expectancy, and Disability-Free Life Expectancy among Older Women and Men in the United States », *The Journals of Gerontology. Series B Psychological Sciences and Social Sciences*, vol. 74, n° 8, 2019, p. 107-118.
144. Agence de l'environnement et de la maîtrise de l'énergie, *Au quotidien, manger mieux, gaspiller moins. Pour une alimentation saine et durable. Guide pratique*, 2019.
145. K. Brown, T. Kasser. « Are Psychological and Ecological Well-Being Compatible ? The Role of Values, Mindfulness, and Lifestyle », *Social Indicators Research*, vol. 74, n° 2, 2005, p. 349-368.
146. J. Vidal, *Ça va changer avec vous*, First Éditions, 2019.
147. R. Thompson, « Gardening for Health : A Regular Dose of Gardening », *Clinical Medicine*, vol. 18, n° 3, 2018, p. 201-205.

148. Santé publique France, *Recommandations sur l'alimentation, l'activité physique et la sédentarité pour les adultes*, 2019.
149. G.W.F. Hegel, *La Phénoménologie de l'esprit, dialectique du Maître et de l'Esclave*, 1807.
150. « Fin du monde, et si c'était sérieux ? », France 2, 20 juin 2019.
151. P. Bihouix, *L'Âge des low tech. Vers une civilisation techniquement soutenable*, Seuil, 2014.
152. T. Dietz, E.A. Rosa, « Environmentally Efficient Well-Being : Rethinking Sustainability as the Relationship Between Human Well-Being and Environmental Impacts », *Human Ecology Review*, vol. 16, n° 1, 2009, p. 114-123.
153. N.M. Wells, K.S. Lekies, « Nature and the Life Course : Pathways From Childood Nature Experiences to Adult Environmentalism », *Children, Youth and Environments*, vol. 16, n° 1, 2006, p. 1-24.
154. M. Fauchier-Delavigne, M. Chéreau, *L'Enfant dans la nature*, Fayard, 2019.
155. M. Söderström, C. Boldemann *et al.*, « The Quality of the Outdoor Environment Influences Childrens Health – a Cross-Sectional Study of Preschools », *Acta Paediatrica*, vol. 102, n° 1, 2013, p 83-91.
156. J. Ernst, S. Theimer, « Evaluating the Effects of Environmental Education Programming on Connectedness to Nature », *Environmental Education Research*, vol. 17, n° 5, 2011, p. 577-598.
157. J.A. Corraliza, S. Collado *et al.* « Nature as a Moderator of Stress in Urban Children », *Procedia*

– *Social and Behavioral Sciences*, vol. 38, 2012, p. 253-263.
158. C. Gueguen. *Vivre heureux avec son enfant. Un nouveau regard sur les neurosciences au quotidien grâce aux neurosciences affectives*, Robert Laffont, 2015.
159. A. Comte-Sponville, *Le Goût de vivre et cent autres propos*, Albin Michel, 2010.
160. F. Lenoir, *Vivre ! Dans un monde imprévisible*, Fayard, 2020.
161. M. Conche, *Montaigne ou la conscience heureuse*, PUF, 1964.
162. B. Cyrulnik, G. Jorland, *Résilience : connaissances de base*, Odile Jacob, 2012.
163. Voir le « mandala des résiliences » de S. et S. Wolin, cité par R. Poletti et B. Dobbs dans *La Résilience. L'art de rebondir*, Jouvence, 2001.
164. N.N. Taleb, *Antifragile. Les bienfaits du désordre*, Les Belles Lettres, 2013.
165. W. Steffen, W. Broadgate *et al.*, « The Trajectory of the Anthropocene : The Great Acceleration », *Anthropocene Review*, vol. 2, n° 1, 2015, p. 81-98.
166. J. Vidal, « Destroyed Habitat Creates the Perfect Conditions for Coronavirus to Emerge », *Scientific American*, 2020.
167. Ministère de la Transition écologique et solidaire, *L'environnement en France*, 2019.
168. Comité consultatif national d'éthique, *Biodiversité et santé : nouvelles relations de l'humanité avec le vivant ?*, 2017.

169. G. Bœuf, B. Swynghedauw, J.-F. Toussaint (coord.), *L'homme peut-il accepter ses limites ?*, Éditions Quæ, 2017.
170. W. Steffen, K. Richardson *et al.*, « Planetary Boundaries : Guiding Human Development on a Changing Planet », *Science*, vol. 347, n° 6223, 2015.
171. R. Horton, R. Beaglehole *et al.*, « From Public to Planetary Health : a Manifesto », *The Lancet*, vol. 383, n° 9920, 2014.
172. Communication to the Committee on the Rights of the Child in the case of Chiara Sacchi (Argentina); Catarina Lorenzo (Brazil); Iris Duquesne (France); Raina Ivanova (Germany); Ridhima Pandey (India); David Ackley, Ranton Anjain, and Litokne Kabua (Marshall Islands); Deborah Adegbile (Nigeria); Carlos Manuel (Palau); Ayakha Melithafa (South Africa); Greta Thunberg (Sweden); Raslen Jbeili (Tunisia); Carl Smith and Alexandria Villaseñor (USA), 23 septembre 2019.
173. M. Van Praët, P.H. Duée, J.P. Mignard, « Une éthique pour habiter la terre autrement ? L'expérience contemporaine de nature comme bien commun », in C. Fleury, A.-C. Prévot (dir.), *Le Souci de la nature. Apprendre, inventer, gouverner*, CNRS Éditions, 2017, p. 320-334.
174. A.S. Reinhold, J.I. Sanguinetti-Scheck *et al.*, « Behavioral and Neural Correlates of Hide-and-Seek in Rats », *Science*, vol. 365, n° 6458, 2019, p. 1180-1183.

TABLE

Avant-propos – Épiphanie écologique 11

1. On ne naît pas éco-anxieux,
   on le devient 21
2. Malaise dans la civilisation 47
3. Les fondements intimes et exogènes
   de l'éco-anxiété 89
4. Soigner la Terre en prenant soin de soi 137

Conclusion 191

Bibliographie 215

Composition réalisée par Belle Page

Fayard s'engage pour l'environnement en réduisant l'empreinte carbone de ses livres.
Rendez-vous sur
www.fayard-durable.fr
L'empreinte carbone en éq. CO_2
de cet exemplaire est de Non Calculé

PAPIER À BASE DE
FIBRES CERTIFIÉES

Achevé d'imprimer en France en novembre 2022
par Dupliprint à Domont (95)
N° d'impression : 2022111112 - N° d'édition : 5011322/04